跟著心理師
校準星盤

* * *

運用占星四元素
發揮你的完美原廠人設

* * *

A
MAP
TO
YOUR
SOUL

珍妮佛・弗芮德 博士
Jennifer Freed, PhD 著

林慈敏 譯

本書獻給阮迪
她的愛讓所有元素歌唱

CONTENTS

INTRODUCTION

前言

忘了如何挖土與照顧土壤，就是忘了自己。

——印度聖雄甘地

沒有水，就沒有生命。沒有藍海，就沒有綠地。

——海洋生物學家席薇亞·厄爾（Sylvia Earle）

點燃你的生命之火。尋找那些會煽動你內在火焰的人。

——詩人魯米

一次一個呼吸，再重新開始——這就是人生。

——靜心導師雪倫·薩爾茲堡（Sharon Salzberg）

本書是要幫助你活出充分表達的人生。

我所謂的「充分表達的人生」到底是指什麼？一個「充分表達的人生」是什麼樣子？感覺如何？你為何會想要這樣的人生？

我指的是一日復一日、大多數時候，都與你自己以及你周遭的世界保持連結。是能與幾乎任何人、事、物維持健康的關係。是安心地過著每一天，知道你正以紀律、奉獻與信心發揮著你的主要天賦。是能夠欣賞你在生命中所有競技場上的獨特貢獻，無論大小。

　　你現在或許很難想像每一天都活出所有層面的自己會是怎樣，本書中的探索將會為你揭露這種人生的樣貌。每個人的人生都大不相同，我們是如此獨特，大家的天賦也如此複雜，沒有一體適用的方法或特定的流程能帶領我們走向充分表達的人生。本書兩者皆非，而是一份指南，幫助你自我認識、自我啟發，獲得人際關係中的智慧，並基於你的優點與偏好，找到你在宇宙中可以貢獻所能的位置。

　　任何願意付出實現天賦所需的努力的人，都能擁有充分表達的人生。**動力**是絕對必要的：這是主動投入時間，去學習、朝某個方向努力、保持好奇心、願意走出舒適圈、進入未知領域、從失敗中快速復原，然後重新進入學習與成長的競技場的能力。當我們不只是為了自身或親密的所愛之人，也是為了廣大的全世界，而把這一切努力都加上必要性，這就不只是單純的動力了——我們進入了「靈性」動力的領域。

　　本書的書寫對象，並不是期待他人能告訴自己人生挑戰的簡單答案的人。如果你在尋找這樣的解答，我想坊間有很多教你依賴公式的書籍或方法，或是很樂意告訴你「你是誰」與「你應該成為誰」的大師。這本書是為那些知道答案就在自己內心，並知

道唯有運用自身特有的藏寶圖才能找到寶藏的人而寫的。他們需要的不是別人給的答案，而是一些能協助自己找到那些答案的鼓勵與指引，心理占星學（psychological astrology）就是那份鼓勵與指引的本源。

什麼是心理占星學？

占星學常被誤用來開解方、歸類刻板印象，以及為人類的行為找藉口。心理占星學不做這些，而是對你所擁有的非凡可能性進行激勵人心的探索，這些可能性會實踐你人生中所擁有的選擇與責任。心理占星學深刻且廣泛地向你揭露你自己，讓你能以最心滿意足的方式過生活。現代占星學傾向專注於自我覺知：你到底是誰？你真實的人格是什麼？你此生應該要實踐的是什麼事？我對心理占星學的解釋當然會幫助你更了解自己，但也會支持你運用那份經過擴展的自我認識與自我覺知，讓你能對所處的社群與所愛之人做出最佳貢獻。

我成年之後都在研究與執行心理學與占星學工作。作為一名心理學家，我研究人類的動機、模式、文化薰陶，以及心理情結與方法；作為一名占星師，我研究的是星體的移動與意義，以及占星星座的象徵。心理占星學結合了對心靈與對天體的研究，也就是結合你的「先天遺傳與後天養成」和「宇宙DNA」。

我在心理學的訓練中，學會了解和治療失能的思想、感覺與行為，也花了二十年的時間學習與實踐各種方法，來減輕不同世

代與情況所造成的創傷。在占星學的教育領域中，我學會那些詮釋行星與天體的大量複雜詞彙，以及它們排列的方式所展現的命運與周期。我的心理占星學工作便位於這兩門學問之河的匯流處。

除了前述的所有訓練之外，為上千名個案解讀星盤可說是讓我學到最多。我做的解讀不單是查看個案星盤，給出我所擷取到的訊息，而是治療性的對話。我帶給他們的，是我在心理學與占星學上的專長與知識，而他們帶給我的，是他們對自己深刻而真實的了解。我們攜手合作找到的見解，通常令人感覺新鮮又熟悉，不但能確定一些他們在內心深處多少已經知道的事，也能激勵他們全心投入自己的成長優勢。

我最棒的占星知識都是從個案們的身上習得。仔細聆聽他們星盤上的行星如何與生命經驗相呼應的故事，正是我的學問的基礎。

本書同時運用了我在占星學與心理學上的嚴格訓練與經驗，也是為你所寫的靈魂地圖與星盤集錦。

元素的簡介

從自然界的火、土、風、水元素中蒐集而來的智慧，是中國、美國原住民、吠陀與西藏文化中療癒法的基礎。本書的焦點將會放在這些元素在占星學上的運用。

你或許對這些元素很熟悉，因為它們對應著太陽星座——例

如牡羊是火象、金牛是土象、雙子是風象、巨蟹是水象。但你大概也知道，星盤上不只有太陽星座；同理，你的元素組合也不會只對應你的太陽星座。

每個人的內在都有一個獨特的四大元素星座組合，會清楚地顯化在我們生命中的不同領域。你在工作上受到挑戰時可能很火爆，但講到健康，你可能會很理智地遵循土象的習慣。或者在愛情中你是個聰明的風象人，在性方面卻是敏感與具同理心的水象人。

靈魂中的四個主要元素是：

火，你天性中有活力、生氣勃勃、行動導向的部分

土，你天性中理智的、感官的、保守的部分

風，你天性中與智力相關的、主觀的、邏輯的部分

水，你天性中感覺的、具同理心、融合與敏感的部分

數千年前，我們的祖先過著密切接觸土地與壁爐的生活，並仰賴生火的能力，同時也依賴新鮮的空氣與乾淨的水源。今天我們一樣依賴著這四大元素，它們提供了讓我們存活且成長茁壯的必要智慧。

我們是由火、土、風、水所組成的。電流脈衝快速流經我們的身體，刺激肌肉細胞並啟動神經元。打造我們碳基身體的

基礎材料，跟打造出石頭與土壤的基礎材料一模一樣。沒有空氣，我們只能活三分鐘，而水占了我們體重的百分之六十。說我們在走路、說話、擁抱、做愛、建造摩天大樓、設立非營利機構、生產、臨終時，就是這些元素的智慧展現，一點也不誇張。我們就是這些元素思考、感覺、愛、經驗、學習、提問與探索而來的智慧。

當我們好好照顧這四大元素，就是開始讓自己與大自然相平衡。我們在日常生活中能夠對這些元素更有覺察力，就是在打造可貢獻給我們朋友、家人與社群的資源與能量。

想想某個你感覺最接地與回到中心（土）、精神上最清晰（風）、心最敞開（水）、最有創意（火）的時刻吧。那很有可能就是你人生中最慷慨、開放，且願意對其他人的福祉做出貢獻的時刻。看看你能否重訪心中的那個空間，在那裡待久一點，直到你能在身體中感覺到它。

在當今的文化中，我們已然忘了如何認識自己與周遭一切的元素連結。有些人認為這是如今地球面臨劇烈氣候變遷的主因，變遷帶來旱災、水災、森林火災、致命的暴風雨，以及廣泛的土地、空氣和水汙染。我們否認自己與自然界深刻連結，因此要自負後果。現在該是把元素智慧帶回日常意識中的時候了。

當你開始做留意每一個元素的正念練習，並花時間真正欣賞它的簡單與力量，你就是開始用讓大腦回到其最自然、有彈性的狀態的方式在重塑它。要記得，當你只是呼吸一口山上乾淨、新鮮的空氣，在那一刻，就已足夠。當你站在一片極美的原野上，

看著壯麗的紅杉，看見土地的慷慨，就已足夠。當你靠近一堆美麗的火，無論是戶外營火或室內保暖的火，凝視那火的魔力就已足夠。當你享受一次美好的泡澡或淋浴，或者把腳浸入海水或游泳池水中，感覺到被淨化、更新又敞開，就已足夠。

* * *

宇宙的一切都在你之內，一切只要詢問你自己。

——詩人魯米

（他的月亮在天秤座，對宮是海王星）

* * *

場域

　　本書是一場包含十二個部分的旅程，由火、土、風、水元素所引導，帶你實現自己最令人興奮的可能性。這趟旅程將完全解開你個人的元素密碼，每一章都會深入探究一個生命特定「場域」中的元素相互作用。

　　場域是基於占星宮位系統，把人體中的生命存在經驗分成十二個區域。這個把我們的生命經驗組織成不同部分的系統，據我所知是最好的系統，它不只是為了個人的發展、也是為了與其他個人和群體關係的發展而存在。最終，它會讓自我發展成一個大宇宙的縮影。每個人身上都包含了所有生命的構成要素——四大元素，

而且這些元素在每個人的十二個場域中的表現，都是獨一無二。為自己探索這個系統，將幫助你完美表達出那些你獨有、且能對全人類生命網絡做出貢獻的特質。

我選擇談「場域」而非占星宮位本身，有兩個理由：第一是因為每一個宮位都與生命的許多領域有關，而我只想聚焦在其中一、兩個領域，亦即我發現在通往充分表達的道路上最值得深思的部分；第二是因為我希望本書對每個人都能發揮用處，無論他們是否懂占星。

想與我一起上路的人，並不需要了解與熟稔占星學中的宮位系統，但多認識宮位會增強你對我所描述的場域的理解。（若有興趣擴充對宮位的知識，可參見附錄二。）

在閱讀本書的過程中，這些場域將成為檢視你生命中的元素之舞的架構。

* * *

我們需要喜悅，正如需要空氣。我們需要愛，正如需要水。我們需要彼此，正如需要我們共享的土地。

——詩人、歌手、演員瑪雅‧安潔洛（Maya Angelou）

（她的月亮是在風象天秤，對宮是激進又善於創造的天王星）

* * *

繼續往前……

讀完這十二章，你將有大量機會自我評估，以及增加對生命中的人的了解。隨著發展出你自己的綜合元素神奇配方，你會開始感到生活順風順水，而非逆風前行。在你發現自己失去平衡時，會培養出對自己技能的信心，重新恢復平衡。

＊ 場域 ＊

十二個場域是以十二個占星宮位為基礎，每個場域代表一個不同的生命領域：

第一宮：自我意識、外表、外在性格

第二宮：金錢、技能等價值觀與個人資源

第三宮：思考與溝通

第四宮：家、育兒、內在安全感

第五宮：創意、戀愛、享樂、小孩

第六宮：工作、健康、自我提昇、自我照顧、每天的服務

第七宮：夥伴關係，包括婚姻

第八宮：性愛、死亡、他人的金錢、分享、臣服

第九宮：哲學、高等教育、出版、宗教、長途旅行

第十宮：生涯事業、地位、名譽

第十一宮：群體、朋友、社群貢獻

第十二宮：靈性、獨處、收容機構、超越性

由於這個宮位系統提供了一張檢視我們才能與可能性的完美地圖，我便以此來作為本書十二個場域的架構。

⋯⋯⋯⋯⋯⋯⋯⋯⋯⋯ ✦ ⋯⋯⋯⋯⋯⋯⋯⋯⋯⋯

如何使用本書

想從本書中獲益，你不需要先具備占星學知識，本書適合所有想讓人生更滿足的人。書中的評量與練習，將呈現出你與你的元素強項、弱點，以及渴望成長的領域的真相，無論你是否知道它們與自身占星星盤的關係。

換句話說，假設你選擇事先完全不看星盤，就全心投入書中規劃的旅程，讀完之後你才取得星盤與解說，甚至是請某位心理占星師做一次解讀，而我很樂意跟你打賭，你會發現自己在書中所學到的一切都會得到驗證。透過涵蓋每一個領域的章節，你便已完成深刻認識自己的功課。

不過，具備一些占星知識的人（或願意增加這方面知識的人）會在本書中得到一些額外的好處。你會發現特別為你設計的「啟示」訣竅。若你對星盤有基本的了解，包括知道星座、宮位，以及如何看出每一宮中的元素，你可能會想在做練習時參考自己的

星盤。用你的星盤作為參考，來一一進行這些項目與評量，就能用這份資料來擴展你的學習與成長。你將得以看見你星盤中的元素平衡，以及它們如何跟你每一個評量的答案產生關聯。

你星盤中的每一宮都被十二個占星星座之一所「掌管」，而占星星座有其元素組合：牡羊、獅子與射手是火；金牛、處女與摩羯是土；雙子、天秤與水瓶是風；巨蟹、天蠍與雙魚是水。你偶爾會看到我提及它們，因為與你星盤中的每一個宮位／場域有關聯的元素，會影響你在每一個領域的天賦與成長優勢。

若你對占星學一無所知，或想要強度較低的學習經驗，可以單純享受這些能讓自己獲得改善與幸福的評量工具與實用練習，或者你也可以翻到〈附錄一〉看看占星學的概述。

<hr>

✳ 啟示 ✳

想尋求進階知識的人請注意：若你已熟悉占星學的語言，或者只是非常想盡可能從本書榨出最多智慧，那麼你可能會想取得一份自己的星盤，以及一份把星盤解釋得相當全面的報告。現在很多網站會提供免費的星盤查詢與報告，我推薦兩個網站：Café Astrology 與 Astro. com，只要輸入你的出生日期、時間與地點，瞧！免費的星盤與報告就到手了。

不過請記得，電腦永遠無法解釋你獨特經驗與內在知曉的整體複雜性。沒有任何演算法能捕捉真實本質中的你。來自免費網路資源

的電腦報告只是個開始。對任何想尋求進階的人，我的建議是去找一位熟練的心理占星師，做一次正統的解讀，才能完全領會你星盤中的天空之舞，並全盤了解探索你的模式與機會的最佳方式。造訪www. jenniferfreed.com網站，可找到絕佳心理占星師的推薦名單。

※編按：台灣讀者可以至「占星之門」網站取得免費星盤和分析

　　https://astrodoor.cc/horoscope.jsp

＊

　　在這十二章中的每一章，你都會學到如何在生命經驗中的某個特定場域內，運用元素來為你與他人帶來好處。每一章都包含一份評量工具──一些邀請你深思與自我檢視的測驗或自我評估。這些項目將協助你對所有能讓你充分活出與表達出自己人生的重要事物進行個人調查。請特別注意：即使你知道自己的星盤，在做每一個測驗或評量時，都請不要先用上你的占星知識。你應該只在完全消化從那些項目中得到結果之後，再去思考星盤如何對應到你的答案。假如你用這樣的方式去進行，這些項目將會為你擷取出更多驚人的見解。即使占星專家都可能透過用初學者的心態去應對這些項目，來得知更多關於自己與占星學的事。

　　每一組項目都搭配你可以自己做或與他人一起做的練習，以彰顯或增進你那個生命領域中四大元素的表達。每一章也會收錄與其處理的場域相關的真實個人成長故事。

你可以用幾種方式閱讀本書：

- **視為一年的課程**。你可以選擇一個月讀完一章，深深投入於探究與行動。如果你對學習與成長的態度比較周到而慎重，用約一個月的時間去品味每一章，你將有最大的收穫，用你靈魂所需要的時間（不論多久），盡可能去吸收與轉化利用所有有價值的內容。

- **視為為期十二周的課程**。如果你像我一樣求快又貪心，可能會想立刻投入並且快速用十二周的時間一周讀完一章。若你是以這種方式讀完本書，那麼會感到有點筋疲力盡，需要休息一陣子再回頭看，也不用覺得驚訝。

- **選擇現在對你最有意義的部分**。本書的每一章都是具獨立性的單元，沒有必要按照順序閱讀，你可以根據目前的需要或偏好，選擇要專注於哪個篇章。

- **與朋友、家人或同事一起閱讀**。與某個你在乎的人一起看本書，能讓你們更加懂得欣賞彼此的獨特元素組合，並幫助你們學會如何激勵出彼此內在最深處的天賦。你可以請朋友或家人一起閱讀本書，當成一個建立自我覺知、同理心與親密度的活動。你也可以把它帶到職場中，把焦點放在感覺適合的章節，來增進同事間的融洽氣氛、生產力，以及真正認識每天與你共事的人。

- **與夥伴或配偶一起探索**。身為一名執業四十年的心理治療師，我可以告訴你與伴侶一起探索這些篇章，對你們的關係將會有巨大的改變。

元素強項

在閱讀本書的過程中，你將找到認出與應用你的強項的祕密通道，你會發現自己過去從未想過的強項，以及感覺熟悉，能有意識地運用與練習來建立的強項。

舉例來說，在我的星盤中，我的強項是火與風，因此無論人生中發生什麼事，我都能傾注清晰的思考與說話能力（風），以及驚人的直覺、樂觀與活力（火）去完成最煩人的世俗事務，像是付帳單或繳稅。無論我處理什麼事，都是出於火一般的熱情遊戲與清晰的心智，由一項有遠見的概述所推動。

我覺得自己比較弱的地方，是在土與水的領域：對我來說，落實與深思熟慮有時真的很難。要平衡我天生的強項，我需要維持有意識的練習，以增強我生命中的土與水元素：每日練習一種接地的、正念的氣功（土）；練習有意識地慢下來，而非總是衝口說出一些話，以及用我無窮的熱心去超越別人（土）；練習有同理心，並為我在乎的、正在經歷各種強烈情緒、需要被聆聽的人保有空間（水）。

我伴侶的星盤裡幾乎都是水元素。

水是關於感覺、仁慈、溫和、柔軟、支持與敏感。她可以用慈悲與同理心，去對付最艱難的討論與最討人厭的人，跟水一樣，她用她的柔軟去包覆一個情境。有她在的時候，每個人都會表現得比較好，因為他們感覺沉浸在她發光的、慷慨的、流動的溫暖中。她的成長領域是火、土與風。跟我一樣，她也刻意努力去增強那些

並非她的天生強項的元素表達。但事實上，她如水般的深度與同理心，就是她的超能力，正如火與風就是我的超能力。

———— *** ————

人類的內在／是神學習的所在。

——詩人里爾克

（他的太陽與水星是射手座，月亮與火星是水瓶座）

———— *** ————

扮演好你的角色

　　我們身處的時代極度混亂，看見各種對現存社會架構與傳統的抗議與挑戰，然而對於如何進入公平永續的理想未來，我們也能看見驚人的創新與發現。我們被困在持續不斷且越來越糟的氣候危機，以及頑固的經濟與社會差距中。本書是一個途徑，引導你成為能貢獻解方、積極投入並充分表達的地球公民。扮演好你的角色，可能是讓整個世界成為對所有生物都更安全、永續且適宜的地方的關鍵轉折點。找到最能充分表達人生的方法，就能讓你做好自己的本分。

　　我們打造了一個對不凡與成名如此重視的環境，以致個人很難看見自己有多重要。每個人都有能力為一個對大家更好的世界提供協助、啟發與表達立場。有些人會觸及廣大的閱聽群眾，有些人

只會在家人當中、與幾個重要朋友，或對動物有影響力。這一切都足以成為遺緒，我們都能成為圓桌武士中的一員。

每一個人，包括你。

這就是你透過本書將進行的探索的終極目的。沒錯，你會認識自我與改善自我，而這種改善是你每日都會感覺得到的，但我要鼓勵你別停在這裡。

在人生這場戲之中，沒有哪個角色是微小或不重要的。你就是唯一能扮演你的角色的人。我們都需要支持彼此，去獲得在人類同伴與我們自己身上值得被認可與讚揚之處，不是社群媒體上的按讚數或追蹤人數，或其他能得到大眾關注的數字指標，而是每一個人獨特、強大、神聖的努力與本質。

我確定大家都同意，真正的價值感來自全心去愛、好好被愛，以及擁有剛好足夠的支持、保障與安全感，能去活出具有真實美德與意義的人生。此時，非常重要的是，我們要承認自己有責任提供支持，不只是為了自己，也是為了彼此，這可以發生在每一天、在我們日常互動的小事中。

就從帶著謙卑與奉獻的心讀完本書開始吧。隨著你的學習與成長，你也會開始看見生活中那些無名英雄身上美好的元素表達，即使是小角色，他們也扮演得很完美。留意親切的雜貨店老闆、樂於助人的餐廳服務生、令人開心的送貨員、感覺和善的電話客服人員。他們都想要如我的朋友珍‧巴菲特所說的：「感到安全、被看見，與受到讚美。」

活在一個生動、令人著迷的宇宙，在其中我們與大自然本身

的信號、徵兆與象徵連結是什麼意思？那代表我們會把自己視為顯化交響樂團的一部分，受到聰明又通人情的宇宙所支持，而非認為自己與我們小小的自我要為所發生的事情負責，同時以個人利益為出發點來試圖顯化。那代表我們不想當一顆小小的齒輪，而是充滿可能性的星塵微粒。

我們大多數人都與大自然失去連結，身陷於現代世界的數位需求中，在步調快速的忙碌生活中橫衝直撞。這種失聯可能造成的空虛、焦慮與悲傷，可透過平衡元素來找到解藥。在這種平衡中，我們可以真正茁壯成長。

1

第一場域
第一印象

想想你第一次遇見生命中某個重要人物的情景。他們之所以重要，可能是因為你喜歡或愛著他們，也可能因為他們以某種方式傷害或危害了你。

看看你能否把自己帶回遇見他們或第一次看到他們的那一刻。你是如何看見他們的？你對他們的感覺如何？在那第一次的相遇中，你注意到什麼？等你了解他們之後，你的第一印象捕捉到多少那人最基本的特質？

我們跟某人第一次見面時，「我們是誰？」這個問題——當我們剛走進房間，甚至在我們打招呼之前，我們在他們眼中看起來如何——就是第一場域的經驗焦點：表面形象或面具。

每個人都戴著一副面具，都有一個站出來成為第一印象的表面形象。我們各自擁有對外界展現的一面，這完全不是虛偽或假裝，也不是好或壞。面具只是在那些初次相遇中，我們過濾外界與

外界過濾我們的一種方式。這是全體人類在相當早的年代就發展出來的一種社交策略，也是我們優點與天賦的源頭。

你被指定扮演的角色

在原生家庭中，我們都各自被指定扮演某個角色。有些人是要當開心果，有些人是要非常負責任，有些人是要當巨星級的表演者，有些人是要當願意說出難以說明的真相的人，也有些人是要當乖乖聽話、少出聲的人。我們每個人都能回想起自己早年收到的任務，也能感覺到它如何成為我們身分認同、歸屬感，以及與他人相處方式的一個重要部分。我們一輩子都攜帶著這個角色，它便轉變為我們對外界展現的表面形象或面具。透過這個與占星學中第一宮一致的第一場域的經驗，我們要處理的是「我是」的聲明。

第一次遇見他人時，你給人的印象如何？你是個魯莽愛闖禍的人嗎？會一進門就高聲說話，要大家都注意你嗎？還是會拘謹謙和地進門，先試試水溫再說？你總是在尋找對他人有幫助的方法嗎？還是你會設法令人印象深刻？很多人從小到大都相信「看起來很好」就夠了，但真是如此嗎？你是那種外表非常出眾的人嗎？還是你會以「我就是怪，怎樣？」的樣子走進門？每一種第一印象都與你的基本組合中的元素平衡有關。

我們給人的第一印象極為重要。研究顯示，在工作面談、聚會或約會中與人見面的一分多鐘之內，我們的大腦就會發射出數百萬的資訊小碎片，把對方歸入某種喜歡與不喜歡的類別中，然後指

示我們是要離開還是靠近對方。

曾有位客戶告訴我，她最害怕的事情之一，就是走入一個房間的時候。我說：「那是確切的恐懼，因為每個人出現的那一刻，都在彼此互相評斷。」這不是件壞事！為了延續人類這個種族的存活，每個人都必須培養直覺，去看出誰跟我們是同一國的、誰可能是危險的，以及知道要溫和或謹慎地接近誰。每個人時時刻刻都在評斷每個人，而只要我們承認自己就是在做這件事，就不會造成負面影響。

但是，請猜猜看我們最全神貫注在評斷的人是誰？沒錯，就是我們自己。我認為比例是八十比二十：大多數人的注意力百分之八十是放在他們給別人的印象如何，以及他們自己的自我反省，百分之二十的注意力則是放在他們對別人的出現有何感覺。評斷只是一套直覺的分類系統，只要我們輕鬆看待這個想法，就無須試圖移除它或在內心對評斷感到羞愧。明白自己對他人預先做出的判斷，原本就是有缺陷與不公平的，以及我們應該開始用真正的好奇心與意願，去了解和我們一開始的假設完全不同的對方，我們才會真正成熟。對於表面形象的覺知，會給予我們很多機會去質疑我們的偏見，也更理解並原諒他人的偏見。

接下來的項目，是設計用來幫助評估創造你的原始自我呈現（self-presentation）[1]與表面形象的元素能量的平衡狀態。它們會提

---

1 心理學家歐文・戈夫曼（Erving Goffman）於一九五九年《日常生活中的自我表現》一書中提出的理論，是指人們試圖管理和控制他人對自己所形成的印象的過程，又稱印象管理（Impression Management）。

供你在進入一個房間時所帶來的能量更清晰的圖像，也會揭露出你的一些傾向與模式——可能會讓你看見你過去從未想過的事，並因此幫助你擴充自己全部的技能。它們將協助你評估那些能量對於你在他人腦中自然浮現的樣貌的影響，並在較弱的能量上，如何應用你所有強項、同時提昇你一些較未開發的面向的方法繼續發展。

評量：角色扮演

你在原生家庭中被指派的角色或特質是什麼？在所有符合的選項上打勾或畫圈。

火

☐ 小丑　　　　　　　　　☐ 有創意的

☐ 壞男孩／壞女孩　　　　☐ 娛樂大家的人

☐ 大膽　　　　　　　　　☐ 說真話的人

☐ 自私　　　　　　　　　☐ 生氣的

☐ 運動員　　　　　　　　☐ 虔誠的

☐ 自主的　　　　　　　　☐ 追尋者

土

☐ 好女孩／好男孩　　　　☐ 務實的

☐ 協助者　　　　　　　　☐ 失敗者

☐ 英雄　　　　　　　　　☐ 物質主義者

□成功人士　　　　　　　　□照顧者
□自力更生的

🌀 風

□和平維護者　　　　　　　□健談的人
□反叛者　　　　　　　　　□調停者
□思考者　　　　　　　　　□外向
□恐懼的　　　　　　　　　□待人友善
□傻瓜　　　　　　　　　　□聰明
□怪咖

💧 水

□待罪羔羊　　　　　　　　□情感依賴的
□敏感的　　　　　　　　　□安全的
□夢想家　　　　　　　　　□哭點低的人
□安靜的　　　　　　　　　□熱情的
□憑感覺的人　　　　　　　□性感的
□保持神祕的　　　　　　　□重視精神性
□有耐心　　　　　　　　　□瘋狂的
□成癮的

完成這份評量後，注意哪一個元素有最多被打勾或畫圈的特質或角色。這將明確反映出你具備的表面形象與你戴的面具，在占

星學中，它也可能與你的上升星座與（或）第一宮中的行星的意義，有著密切的關聯。

角色扮演：練習

與一位你信任的人坐下來，談談你在家庭中不自覺被指派的角色。今天你對它的感覺如何？或者，假如你想用一種較個人的方式來探究這個主題，可在深思時寫日記、寫一首詩，或創作一幅視覺藝術品。

評量：卸下你的面具

別人第一次遇見你時，對你的印象是什麼？他們會用什麼形容詞來描述你？在所有真實的選項上畫圈或打勾。然後再回頭看一遍，標記出那些你希望是真實的、但你沒有畫圈或打勾的選項。

🔥 火

☐有魅力的

☐有吸引力的

☐大膽

☐熱心的

☐敢於冒險的

☐自以為是的

☐直率的

☐熱情的

☐無節制的

☐令人害怕的

🌱 土

- □ 可信賴的
- □ 歸於中心的
- □ 冷靜的
- □ 穩定的
- □ 笨拙的
- □ 遲鈍的
- □ 固執的
- □ 吹毛求疵的
- □ 爭強好勝的

🌀 風

- □ 激勵人心的
- □ 迷人的
- □ 吸引人的
- □ 鼓舞人心的
- □ 輕浮的
- □ 心煩意亂的
- □ 不誠懇的
- □ 不易動情的
- □ 冷淡的
- □ 健談的

💧 水

- □ 極吸引人的
- □ 神祕迷人
- □ 具誘惑力
- □ 令人安慰的
- □ 善良的
- □ 多愁善感
- □ 缺乏勇氣
- □ 愛哭泣的
- □ 靠不住的
- □ 容易受騙

　　「我是」是占星第一宮的關鍵詞。你什麼都不用做，位於這一宮裡的行星就能向他人介紹你。即使你的第一宮沒有行星，上升星座仍能提供一些線索。若你知道你的上升星座，就可以透過在這份「我是……」的陳述清單中找到它，來得知別人第一次碰到的你是怎樣的你：

　　牡羊座：我是大膽的。

　　金牛座：我是美麗的。

　　雙子座：我是個溝通者。

　　巨蟹座：我是個培育者。

　　獅子座：我是個表演者。

　　處女座：我是個協助者。

　　天秤座：我是個協調者。

　　天蠍座：我是個探測者。

　　射手座：我是樂觀的。

　　摩羯座：我是有能力完成事情的。

　　水瓶座：我是友善的。

　　雙魚座：我是敏感的。

第一宮有行星會強化與影響這個第一印象。例如：我朋友的上升星座是獅子座，但第一宮沒有行星，她擁有許多獅子座充滿創意、善於表現、令人喜愛的特質，但若她的第一宮裡有行星，或許會更充分表達這些特質或為它們增加其他的層面。

　　雖然我是個接受度高、開放、樂觀、有點呆的人，上升又在愛冒險的、外向、快樂的射手座，但我的第一宮有土星與火星，便創造了一個還不認識我的人會被我嚇到且害怕我的模式。某些時候，我總是得為此道歉。

　　「我是」這兩個字有很大的力量。我學到一個很棒的練習，就是一天說二十五個關於我的正面特質的「我是……」陳述，例如「我是友善的」、「我是親切的」等等。同時也陳述二十個有關我的身體的「我是……」的正面語句，例如「我是美麗的」、「我是凍齡的」、「我是皮膚光滑的」等等。了解我星盤的上升星座所代表的原型與第一宮裡的行星，有助於我創造出聽起來很真實的陳述，但我也能輕鬆地根據任何自己擁有的正面特質來製造出這些陳述。如果我能看見它，就能透過說出它來理解它、擴展它。

　　這個練習是很強大的！在三十天內，我就發現我的個人魅力與顯化能力有驚人的提昇。試試看吧。

卸下你的面具：練習

1. 讓某個跟你關係緊密的人看看前面的特質清單。請他分享你們第一次相遇時，他注意到你具有其中的哪些特徵。如

今他比較認識你了，他還看見什麼其他的特質？

2. 回頭再把這份清單看一遍。你想扮演那些你「沒有」畫圈或打勾的特質、角色或表面形象？在你的身分認同中，你想融入更多什麼角色？請特別思考一下那些你畫圈或打勾的角色最少的元素類別。你可以如何把這些整合到你的表面形象與表現中？環繞著這些渴望去談論、書寫或創作。

留下印象

我女兒還年輕時，經常說人家都很怕她。她的上升星座（掌管第一宮或第一場域的體驗的星座）是水象的天蠍座，很容易神神祕祕、遮遮掩掩、小心翼翼又多疑。

等她針對這種人家都很怕她的感覺做了更多個人成長的功課後，她才明白自己是在發出一種「我不信任你，我不想接近你，我懷疑你」的氛圍，令他人也以猶豫和謹慎來對應。但當她一看見她的星盤有火與風元素可供汲取，便開始在與他人見面時，用許多喜悅與能量（火）以及好奇心（風），來緩和多疑與不信任。

隨著人生的進展，她成為一名相當有才華的瑜伽老師、演說家與演員。以此為出發點，她明白可以運用自己的水象熱情去真正與人連結，同時帶著喜悅、真誠的創意。如今，她是一位深受喜愛的老師，能擷取她個人對猶豫與羞怯的經驗，去幫助他人在擔心不知如何去認識人的時候感到非常安心。

我的一位同事有個非常強大的土元素星盤，但她的第一宮

或第一場域是由火元素掌管。上升獅子座的她，在原生家庭中扮演的角色是帶來喜悅與充滿創意活力的人，但她也被教育得極度負責任與順從。她總是覺得自己應該帶來樂趣與豐盛，但又覺得受到知名作家布芮尼‧布朗所說的「伴隨不祥預感的喜悅」所壓制：那是一種人不該讓自己因放任狂喜而喪失理智的觀念。人不應該「失控」，因為可能會犯錯，而錯誤可能會傷害到他人或羞辱到自己。因此她的第一場域中的慈愛、豐盛、有創意、喜悅的火元素活力，並未真正顯露出來。除非她在表演（她也確實成為一名演員──這是她上升獅子的主要表達），否則她都是含蓄且壓抑的。

她認知到這對她的「我是」感來說並不真實，於是她開始努力在日常生活與關係中凸顯火元素的靈敏、不受拘束、自然豐富的肢體與臉部表情。透過充滿活力、有趣又愛玩鬧的眼光，她變得更活潑，還能維妙維肖地模仿他人。當然，她所有的關係也變得更令人陶醉而熱烈，這引導她去處理更深層的功課：沒有感覺到被父母重視或歡迎，他們無法面對她的火元素的真實面向。

我有位朋友是上升摩羯座。她在家中被賦予的角色是要看起來很體面、似乎能掌握局面，以及要可靠、準時、有權威感。她收到的訊息是她永遠不能犯錯，而且必須在所有情況下都能把事情處理得井井有條。這使得我朋友在群體與社交場合中非常苦惱，因為內心有個訊息在對她說：她永遠都無法完全放鬆地做自己。當她開始處理上升土元素代表的盡責與順從，她才明白，她可以成為自己的權威與自我認可的最佳來源。只要她自己擁有不

錯的感覺，就有能力安撫他人的社交恐懼。她開始信任真誠、自然隨興的自我是她的社交誠實度與自信的最佳來源。由於每個人在社交或工作場合中都經歷過某種不安全感，她發現光是以這種方式現身，就能幫助許多人感到被尊重與歸屬感。

另一位朋友的上升星座是風象的雙子座。上升風象的人非常善於對話、憑空創造話題與跟人閒聊，也能聊各式各樣的話題。他們有很大的好奇心，但總是學不會「簡明扼要是社交善舉」，有時他們給人的印象會是腦袋空空的傻瓜，或習慣試圖說服人們、自以為無所不知的人。於是，這位朋友開始真正去探究，多聽少說，把他想說的話說得更具體。他們必須運用土元素，把那些崇高、高傲、抽象的對話轉成實際且值得一聽的金玉良言。一旦他們開始把要說的事縮小範圍，把概念帶到比較接地氣的層級，就會發現他們能吸引更多人願意花時間跟他們相處。他們一向無意識地用很多想法去主宰對話，但跟人卻沒什麼連結。現在，他們可以進行讓所有參與者都感到連結與滿足的有意義的對話了。

另外一位朋友的上升在天蠍座，與她見面不到一分鐘，我就知道我們共處的時光會若不是一場深具吸引力、真實的對話，就會是一次對她的痛苦血淋淋又黑暗的探究。還有位朋友則是上升水瓶，我知道她總是友善又有點古怪，但在一分鐘之內，我就能看出她的話題會是出於風象水瓶的分散廣泛，還是比較聚焦於某個特定理由。

信心 vs. 順從

我的許多個案都曾表達渴望在走進一個房間時能更有自信，他們非常害怕自己給人的第一印象是不適當或不被接受的。大家都想對自己的社交風格感到更有自信，所以到底什麼是信心？那是一種自我信任與自我接受，代表你與內在與外在的自己都相處得很好。這與根據他人的價值觀或判斷來尋求肯定與評估自己的言行是相反的。

阻止大多數人感到自信的最大原因是對遭受負面評斷或拒絕的恐懼。正如我在本章稍早前說的，我們對遭受評斷的恐懼，是基於「每個人時時刻刻都在評斷每個人」這個事實。我們評斷他人，也評斷自己，基本上這是我們思考性大腦的原始用途：你的大腦、我的大腦、你所擔心的人的大腦，都在編造一些關於你的負面評論。知道這一點，我們就能開始選擇不讓對評斷的恐懼決定我們要呈現的面貌。

另一個層面的挑戰是，我們大腦的自我保護部分（一個被動反應、情緒化的部分，稱為杏仁核）對遭到他人拒絕的可能性極度敏感。在歷史上，順從性一直都因為會遭遇真實的危險與破壞性的後果，再三受到強化，像是因為信仰或行為不吻合主流文化的期待而受到驅逐或嚴厲的懲罰。（做自己在世界的某些地方，或身為某個經歷壓迫群體的一分子，在人身安全上仍然有危險。）那個自我保護的部分可能使我們無意識地轉向順從，以保護自己免受痛苦與拒絕。

如果你有幸了解到，自己的身心健康並未真正受到他人對你的想法所威脅，你就能開始注意到，自己是處於他人認為你應該在的地方，而非把你的真實個人魅力帶入任何你所在的空間。留意你的想法是出自你的心，還是你的杏仁核。當你學會辨識出於愛與出於恐懼的差別，就能開始把焦點放在想要影響他人以及與他人互動的方式。

下一個層次的更強大自信，則與決定你要讓別人如何感覺你有關。只要你把自己從被評斷的恐懼中釋放出來，就能思考：你想對別人帶來什麼影響？

每當我們進入一個房間，如果腦中一直在猜想別人對我們的想法，就會失去或降低我們的個人魅力。如果把焦點放在讓別人展現他們的優點，而非試圖扭曲自己，去做出你想像他們想要你做出的樣子，那麼在每一次互動中為他人創造美好時刻就沒有那麼難辦到了。

邁向更有自信的第一步，就是認出你天生的社交風格，這會由你的上升星座的元素，或是在角色扮演評量中最顯著的元素反映出來。了解你傾向的預設風格，你就能開始較堅定地帶入其他能量，來平衡或取代那份害羞。比方說，你的上升星座是水元素（巨蟹、雙魚或天蠍），那麼你在第一次與人見面的時候可能會有點害羞。

接續這個例子，承認並接受這個表面形象或面具是你與生俱來的，就能繼續思考你希望在給人第一印象時表達得更明顯的特質。或許你可以設定意圖，目標是提供令人在社交與情感上都感到

安心的平靜與支持力量。抱持這個意圖將幫助你把所有緊張的能量，都放在幫助別人更放鬆與更被聽見上。

你辦得到的！

* * *

順從所得到的獎賞，就是除了你之外，每個人都喜歡你。

——女性主義作家麗塔·梅·布朗（Rita Mae Brown）

（她的太陽和火星與尋求獨立的天王星是對宮）

* * *

繼續往前……

意識到在走進一個房間的那一刻會如何影響他人，你就能在去見某人之前，多花點時間面對自己。當你做好能讓最棒的自己發光發亮的準備，就一定能為任何你走進去的房間增色。

在與人見面前，先花點時間好好呼吸，並決定你想如何出場，就從這件事開始。請記得：別人在遇見你的六十秒之內，就會在心中拍下一張你的快照，即使他們很了解你也是如此。你想要如何被看見？請事先想清楚這件事，並專注地意識到它所帶來的差異。

用你通常給人的第一印象的擴展意識，想想它與你所認為的「真實自我」有何不同。你可以藉由填寫下列的空格，來幫助他人更快速清楚地看見那個「真實自我」：「大家通常都把我看成

＿＿＿＿＿＿＿＿＿＿。當他們更認識我，就會看到我＿＿＿＿＿＿＿＿的那一面。如果我刻意表現出我＿＿＿＿＿＿＿＿＿與＿＿＿＿＿＿＿＿的特質，大家就能更快了解真正的我。」（若能涵蓋那些可以平衡你上升星座元素的特質，會是大大加分。）

要記得：你並不只是你所戴上的面具。你的表面形象是你對外界展現的面貌，它一點都無法表達你的深度。這就是我們可以發掘新的現身方式、戴上新面具的原因，然後再像小時候玩角色扮演一樣，開心又認真地拿我們的表面形象來做實驗。

2

第二場域
你的核心價值觀與實際價值

第二個場域是關於你「擁有什麼」，以及有多確定自己有能力保有它並使它成長。我們擁有的有些是物質的：房子、車子、書、藝術作品、衣服、設備。有些則是無形的：自尊、與自己和他人的關係、美麗、工作、職業、假期。

所謂充分活出這個場域，是指了解你的實際價值。第一步是要弄清楚你珍視的是什麼，當你花時間努力去定義自己的核心價值觀，就能帶著意圖去創造能實現它們的生活──包括能為你帶來滿足與喜悅的物質與非物質的事物。無論逼使你遠離自身價值觀的誘惑力有多強，你都能堅定不移，這時你就會知道要去取得什麼、抓住什麼，以及放棄什麼，你也會培養出一種堅若磐石般的自我價值感。

獲得與消費是短暫的愉悅，它們太常使我們直接就想要某件尚未擁有的東西。一旦獲得了像是房子、食物與健康照護之類的

必需品，「更多東西」與「更多快樂」之間就完全沒有相關性了。這個場域（以及占星學中的第二宮）的功課是珍惜你所擁有的、保存你珍貴的能量，以及在能量上或財務上都不要過度擴張。

我們的文化很沉迷於無限的成長與擴張，已經到達毀滅我們的資源與讓每個人的腎上腺系統筋疲力竭的程度。人類的小我不斷想要更多，無論我們擁有什麼；但在靈魂的層面，擁有更多可能是令我們無法專注於為我們帶來最有意義、愉悅與滿足的事物上的主要原因。在我的占星師工作中，曾協助過數十位百萬富翁；透過我所共同成立的非營利組織，我也曾協助過數百個位於社經地位光譜另一端的人。我可以很有信心地說，就自尊心而言，擁有一切的人與一無所有的人之間一點差異都沒有，而自尊剛好就是這第二場域最深層的議題。

我並非要說服你不要去獲取能帶給你喜悅的事物，但我確實想區別出來自「獲得」的喜悅與來自「活出內心深處所懷抱的價值觀」的喜悅的不同。這兩種喜悅並不互相排斥，但後者需要更深刻的努力。我們擁有的事物的重要之處在於，反映出我們抱持的價值觀的反映。

我所認識最滿足的人，是那些了解自己所擁有的最重要事物，就是與別人親密且真實連結的人。就靈性角度而言，真實的自己與銀行帳戶裡的錢、好看的外貌或坐擁多少身家完全無關，而是與我們感到如何被真實地愛著，以及又有多充分表達穩定親密的連結有著密切關聯。在生命的尾聲，沒有人會吹噓自己賺了

多少錢、開過多少部車，或身材看起來有多棒。他們通常反省的是
自己如何愛人與被愛。

═════════════════ ✳ **啟示** ✳ ═════════════════

「我有」是第二場域的關鍵字，第二場域代表占星學中的第二
宮。第二宮傳統上都與金錢和一個人擁有的事物有關，而與這一宮裡的
行星有關聯的星座（或是掌管這一宮的星座，如果你的星盤沒有行星落
在那裡的話），一向被用來探索我們可能在物質生活中體驗到的潛力與
問題。你第二宮裡的行星與它們和其他你星盤中的行星的關係（它們的
相位請見第227頁〈附錄一〉），會指出你是如何處理與物品和金錢有
關的麻煩事，也會提供更寬廣的視野，指引你如何透過能帶來所渴望的
物質與金錢的方式來運用自身價值觀。

你在第二宮的宮頭找到的星座，可能帶來你必須處理的自我價值
相關議題的洞見。（宮頭是星盤中界定不同場域的部分。因此第二宮的
宮頭劃定為第二宮區域的最邊緣與開始。）例如，你第二宮的宮頭是摩
羯座，你的功課就是環繞在想要讓人深刻印象且不斷贏得肯定的內在需
要。只要你能辨識出這是自己的「原廠設定」，並注意到在什麼地方太
依賴外界賦予的獎勵，你就能學習認可自己在生活中實踐核心價值的優
秀表現。

第二宮中的行星帶來的資訊，是關於你高度依附的事物，以及你
能把資源帶入人生的方法。若你的第二宮裡有水星，就代表理性與溝

通對你非常重要，而且你可以透過精采的寫作或演說，來開啟你的資源之流。

你本來就擁有的資源，是吸引其他資源的基礎。比方說，金星在第二宮指出你擁有愛與美的資源，能幫助你吸引像是人脈與門路之類的事物，還可能幫助你覓得一名好看的伴侶。

━━━━━━━━━━━━━━ ✻ ━━━━━━━━━━━━━━

評量：你的藏寶盒

審視一下這些列出來的項目，找出你目前最看重的五個價值觀。選出那些你沒有會活不下去的項目，同時明白其他的價值觀也很重要。用畫圈或打勾的方式把它們標示出來，之後再劃掉三個對你來說最不重要的價值觀。

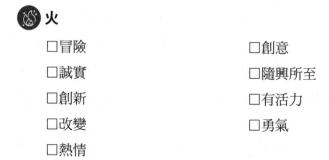

🔥 火

☐冒險　　　　　☐創意

☐誠實　　　　　☐隨興所至

☐創新　　　　　☐有活力

☐改變　　　　　☐勇氣

☐熱情

🌱 土

- ☐ 正直
- ☐ 穩定
- ☐ 平靜
- ☐ 可靠度
- ☐ 安全感

- ☐ 務實
- ☐ 忠實
- ☐ 在大自然中的時光
- ☐ 存在
- ☐ 承諾

🌬 風

- ☐ 充滿活力
- ☐ 溝通
- ☐ 自由
- ☐ 開放
- ☐ 智慧

- ☐ 鼓舞人心
- ☐ 才智
- ☐ 幽默
- ☐ 學習
- ☐ 社群

💧 水

- ☐ 同理心
- ☐ 連結
- ☐ 理解
- ☐ 愛
- ☐ 滋養

- ☐ 仁慈
- ☐ 靈性
- ☐ 情感
- ☐ 脆弱
- ☐ 深度

你的藏寶盒：練習

1. 從一到十為自己評分：你有多麼一貫地堅守那五個你選擇的核心價值觀？是什麼與誰幫助你信守對它們的承諾？又是誰與什麼會使你破壞你的價值觀？環繞著這些問題與他人討論、寫日記或創作藝術品。

2. 看看那三個被你評為最不重要的價值觀。這些就是我們所謂的你的陰影價值觀。就心理學上而言，陰影價值觀握有你很多的潛力，因為你還沒有認可它們是重要的。我們越是努力崇敬那些最不受認可的價值觀，就越能成為一個完整的人。針對你能如何在生活中更崇敬那些價值觀與他人討論、寫日記或創作藝術品。

評量：你的強項與資源

　　無論你面對的是擁有的不夠或擁有太多的議題，本書最重要的自我評價是聚焦於評量什麼是你實際上確實擁有的，以及如何善用它。這包括物質的、精神的與身體的資源。

　　請從頭到尾看一遍這些與四個元素中的強項有關的項目，並將你目前擁有的圈起來。看第二次的時候，在所有你希望自己擁有、但目前沒有的資源底下畫線。

火

強項／資源

運動

自主能力

正面的身體形象

自信

公開演說

絕佳姿態

創意才華

創意表達方式

玩樂與消遣習慣

與小孩關係很好

很棒的朋友

團體成員

社群行動主義

有益的社群組織

個人可信度

國外旅遊

始終如一的愛

土

強項／資源

金錢

賺錢能力

資產

珍貴的收藏品

財務穩定

悅耳的唱歌或說話聲

健康

冥想練習

師父

寵物

治療師

虔誠的修練

清淨飲食

獲得健康照護

個人力量

退休存款

可靠的個人名譽

可靠的專業名譽

療癒師　　　　　　　　　高度紀律

滿意的事業　　　　　　　既定的成就

守時　　　　　　　　　　安息地

 風

強項／資源

人際網絡　　　　　　　　被美好事物環繞

門路　　　　　　　　　　絕佳風格

溝通技巧　　　　　　　　社會公平

運輸　　　　　　　　　　衣櫃

好記性　　　　　　　　　外國語言

學習新事物的能力　　　　國外的家

閱讀　　　　　　　　　　國際旅行

寫作　　　　　　　　　　有組織的信仰體系

乾淨空氣　　　　　　　　接受高等教育

電話／網路　　　　　　　宗教或靈性老師

親近的手足　　　　　　　夥伴

吸引力

 水

強項／資源

家　　　　　　　　　　　健康的性生活

房地產　　　　　　　　　繼承的遺產

一位親密家人	存款
在世的雙親	情感上的誠實與親密
祖先的智慧	解夢的能力
乾淨的食物	信念
安全的住宅區	乾淨的水
音樂欣賞力	安靜的時間
音樂技能	隱私
通靈技能	清醒夢
同理心	心靈的歸屬

你的強項與資源：練習

1. 寫下來或是與一位親近之人討論你找出的資源與強項。它們如何表現在你的人生中？你此刻最強大與資源最多的是哪一個元素？

2. 寫下來或是與親近之人討論你想擁有更多的資源與強項。把焦點放在你圈出最少項目的元素上。你可以做些什麼來更強烈地表現它們？這將如何增進你的喜悅與滿足？

雖然我在本章的一開始就強調，第二場域並非只與金錢有關，但事實上它確實與金錢密不可分。想要達到第二宮的極大財務成功，你會需要這四個元素。

火：賺錢與增加資源需要進取心、動力與膽識。

土：聰明管理資源意指量入為出與悉心照顧你的物品，無論

你擁有多少。顯化（見第52頁）與努力和毅力密切相關。不喜歡工作的人——通常是那些天生具有很多風元素與水元素、但很少土元素或火元素的人——將需要提高這些元素，以實現他們的夢想。

風：為了賺取你應得的與創造豐盛的人生，你需要一種「我做得到」的心態，要對所有幫助你抵達夢想之地的人充滿感恩。你需要相信，才能讓事情發生。你需要創造並使用人脈和與人連結，以實現你財務上的夢想。

水：要實現你的價值，你需要在情感上與他人連結，並盡可能像是自己成功一樣的為他們的成功感到興奮。我遇過那些打從內心覺得自己富有的富豪，每一位都有著真實的親密關係，那是衡量價值感的黃金標準。真正感到與他人親密連結，代表我們自覺是他們成功的一部分，而這件事本身就會把善意傳遞給更多人……並回到我們自己身上。

✻ 啟示 ✻

若你知道自己第二宮宮頭的星座，就能借助它的智慧，去幫助你創造資源與長久價值。

🔥 火象星座

牡羊座：勇敢且具有企業家精神，同時也要仁慈與委婉一點。

獅子座：運用你過人的魅力與創造力去獲取你想要的，同時要對一路上

幫助你的人充滿非常多的愛心。

射手座：運用你正面、自由、充滿愛心的精神，讓獲取金錢財物與安全感成為一種冒險。

土象星座

金牛座：你有多貪婪，就要有多慷慨！把焦點放在用謙卑的心去愛護每一次與每一個成功。

處女座：運用你天生善於分析的心態與服務傾向，去找到有長久性且對他人有幫助的資源。

摩羯座：運用你優異的實務執行能力去吸引財富與影響力。記得要使用這些資產去滋養自己與他人。

風象星座

雙子座：運用絕佳的溝通技巧去賺取主要收入，並協助你與能提振你的精神與意義感的人際網絡連結。

天秤座：發揮外交手腕與你運用美麗事物的方式，去增進你獲得經濟與社會財富的能力。

水瓶座：激發社群之愛，作為你的最大資源。在你生活中的組織與友誼中開發多元的泉源，你將變得更容易取得資源與喜愛。

水象星座

巨蟹座：滋養他人，並以能增加你銀行帳戶數字的方式來處理資源。經營你的情緒智商是創造你渴望的安全感之關鍵。

天蠍座：運用你富調查精神、精確的心態，走到幕後去找出哪裡能進行深入的投資。記得在累積你的祕密寶藏時，別螫傷任何人，包括你自己。

雙魚座：為遠大的夢想與視野擴大你的能力，並發揮你的魅力去獲得大量金錢。要確定你沒有迷失在夢想裡；找別人幫你確定細節與實際應用。

＊

第二場域優勢：顯化

當我們與自己的核心價值觀校準，找出我們的渴望，並有意識地努力去平衡這個場域中的元素，就會發展出一種創造的磁力。這就是顯化的關鍵。

以下的七個步驟，可以顯化你渴望的事物：

1. 找出你的核心價值觀：例如愛、誠實或喜悅。
2. 說出一項你渴望的新資源：例如一個知心的新朋友（一份強大的情感資源），或一個新的住所。
3. 在你努力找到知心的新朋友或新住處時，要發自愛、誠實與喜悅去生活。
4. 尋求你神聖圈（sacred circle）的夥伴們的幫忙，請他們讓你對自己的價值觀與努力都負起責任。

5. 每一天，感謝神的協助。

6. 每一天，對每一個進步的跡象表達感謝，那代表你又朝實現你對這項新資源的渴望更進一步了。

7. 當你得到渴望的結果，要向自己與他人認可這件事。透過幫助他人實現渴望，把好的能量傳遞下去。

　　這套準則是可靠的，只要你持續努力去做。不要一直想著你的渴望要花多久時間才會實現。所有你真正渴望且持續努力朝它前進的事物，都將及時來到你身邊，又或是變得不再有意義。幾年前我曾拚命想要的一些東西，如今對我來說感覺極度空虛且愚蠢。強烈的渴望會向你與他人發出信號，暗示你在試圖填滿一個洞——洞吸引的是土，而非黃金。

　　你想顯化的是什麼？請細讀前面段落所描述的七步驟練習。深入挖掘並找出三項你想根據它們來實現夢想的價值觀。說出你希望創造的事物。讓這些元素為你的旅程增添燃料，花時間與每一個元素同在：讓你自己感覺實現之火；務實的、接地的、有邏輯的土元素特質；風元素的顯現與溝通力；以及當你讓想像成真的那一刻，你將感受到的情緒——水元素。

　　我要分享一個自己的真實顯化故事。我和伴侶看過一部非常棒的紀錄片，片名為《智能社會：進退兩難》，是我們的朋友所製作的。這部片是關於社交媒體與網路成癮對我們的社會結構造成了可怕的傷害，影片非常令人不安，我看完後感受到巨大的絕望，但與其放任自己沉浸在那份絕望中，我則是把它化為一股採

取社會行動的推力。

　　我的三個核心價值觀是愛、社群與大自然，在它們的指引之下，我想出了舉辦一場聚焦於愛，且場地設在大自然中的大型社群活動的點子。換言之，就是在我們住的地方——聖塔巴巴拉舉行數位淨化計畫。青少年與成人都能在美麗的自然環境中度過幾天沒有電子設備的日子，一起參加許多有創意、活潑、覺察身心、互相連結的活動。任何偉大點子要成真的關鍵，就是要獲得支持與鼓勵，所以我決定向我工作的非營利組織「AHA！」的同事推銷這個點子，他們都決定加入，為此感到很興奮。

　　下一步是想出舉辦後來為期五天的活動場地，也要決定如何為這麼大的活動找到資金。每天早上，我都會寫信給我的神聖天使與指導靈，請求祂們的指引與協助。我不斷在腦中想像那個活動，並感覺它真正發生的樣子，同時，我和伴侶也在搜尋適合的地點。我們決定造訪埃爾卡皮坦峽谷（El Capitan Canyon）露營區，因為它不但夠近，還能提供位在大自然中的木屋。那裡令人驚豔，參觀之後我便付了訂金，內心相信我會獲得足以讓弱勢青少年以低價參加的資金。接著，我踏出勇敢而喜悅的步伐，去詢問許多我認識的人是否有興趣贊助這項活動。

　　這個部分總是最令人害怕的，「詢問」讓人感覺如此脆弱。從數十年的詢問經驗中，我學到要當一個好的詢問者，就代表無論收到任何答案都沒關係。我這輩子收到的「不好」比「好」要多很多，但這從未令我卻步，因為夢想成真所需要的，就是一千個「不好」當中的那一個「好」。而這次也發生了：有個人帶著足以提供

獎學金所需的資金出現。

這一切都是發生在二○二一年冬天新冠肺炎病例暴增期間，在那段期間，我們有時會覺得永遠不可能再舉行團體活動了。我不斷讚美神與感謝天使和朋友能夠跟我一起看見這份願景，同時我們也都盡可能注意安全與防止新冠病毒擴散。每一天，我內心對於任何讓這個計畫往前推進的新進展都充滿感激，而且我都會對伴侶和朋友們說出來。我對數位淨化的願景，是疫情這漫長又黑暗的隧道末端一道明亮的光──但是在我選好日期並付完訂金的當下，我並不知道隧道會有多長。二○二一年四月，新冠疫情終於趨緩，可以開放「AHA！數位淨化活動」的申請了。

過程中我從未失去信心，也不斷放下對時程與結果的控制慾。我每天堅守我的愛、社群與大自然的價值觀，同時在人力所及的範圍內盡可能引領這個願景化為事實。我的價值觀帶領我許下一個充滿創意的願景，然後，透過我的神聖隊友的大力支持、我自己毫不動搖的堅持不懈，以及神的恩典，這個願景成真了。

繼續往前⋯⋯

每天早晨，在一天開始之前，清楚地陳述你要本著自己最珍貴的價值觀而活的意圖。採取積極的步伐，並集結你親密的所愛之人的支持。當受到召喚要冒險前進時，請求你所愛之人幫助你用直覺去判斷是否值得。要知道，有時要預測一個冒險之舉的結果是不可能的，簡而言之那將是「信心的一躍」。當你對自己

的願景與價值觀很清楚，然後帶著這份清晰感從懸崖高處往下跳時，宇宙會很欣賞這樣的行動。我過往的經驗是，當祂知道我們是忠於自我和忠於自己希望貢獻給世界的天賦，祂通常就會提供一個令人愉快的降落點。每多一次顯化，都要感謝神的支持，請看著魔法展現吧。

3

第三場域
你說話與聆聽的方式

在本章中，我們會聚焦於溝通：你是怎麼說話的？又是怎麼聆聽的？我所認識最有影響力與最能實現自我的人，對這兩件事都很在行。無論你第三宮的宮頭是什麼星座，或是金星落在哪一個星座，你都可以運用這四大元素去學習溝通。而且，我所認識最成功的溝通者在聆聽他人說話時，都能反映出所有元素，也能針對需要的元素量身打造他們說的話。

透過非言語與言語兩種方式，我們一直在溝通，卻通常不知道別人是如何接收我們的意思。我們常常期望別人「懂」我們，卻沒有費心去了解他們處理溝通的方式，以及他們如何才能完全了解傳送給他們的訊息。每個人的表達風格都不一樣。如果想成為優秀的交流者，就需要努力擴展我們的風格去符合他人的風格，而非希望每個人都會恍然大悟，然後順從我們的風格。

=========================== ✻ 啟示 ✻ ===========================

以下是根據掌管你第三宮的星座而來的一些基本溝通訣竅：

牡羊座：慢一點！說話不是一場比賽，你的大膽要用在仁慈與提供保護上。

金牛座：快一點！慢慢說出你的重點很重要，但別人想在過程中保持清醒。運用你對溝通的感性掌握力，讓表達清晰而簡明。

雙子座：一次只說一個主題，暫停一下，看別人有沒有跟上你。與其扮演獨角戲，不如多問一些出色的問題。

巨蟹座：運用你靈敏的情緒反應去強調他人的優點，而非一味溺愛他們。

獅子座：你的演說可以充滿戲劇性與深情……但也要介紹他人的光芒與特別之處。沒錯，事情都與你有關，但也跟他們有關。

處女座：你是細節溝通大師，但別迷失在細小的數據片段或碎片中。

天秤座：運用你細膩的外交技巧去照亮他人，但別忘了你本身的意見也很重要。

天蠍座：你能用追根究柢的問題與專心的聆聽，去挖掘任何表面之下的真相。要克制使用這般犀利的溝通技巧去羞辱或責怪他人的衝動。

射手座：喜悅與坦率是你的超能力，但要記得直言不諱並非好策略。

摩羯座：你很善於找出問題核心並保持事情的真貌。別忘了在他人需要編造故事時，給他們一點台階下。

水瓶座： 你俯瞰事情的視野有助於將各個事物結合在一起。別「飄得太遠」，以致沒有人跟得上你。

雙魚座： 你的同理心非常棒，大家也需要你的體貼善感。要記得，傳達自憐與受害者心態的溝通，並非你的最佳對策。

***

　　身為占星師，我注意到就表達自我的方式上，大家有多常錯過彼此。舉例來說，妮莎習慣以說故事與迂迴的方式說話，喜歡加入大量填充詞與停頓，而且很享受激昂的意識流式沉思。她的丈夫傑克則習慣用陳述句說話。傑克想要實事求是的談話；妮莎想要爐邊的聊天。當他們一起做事時，傑克會對妮莎拐彎抹角的演說感到惱怒，而妮莎則是因傑克專注於重點而感到被忽視與批判。

　　藍道喜歡談想法與願景，是那種會駕著飛機用噴出的煙在空中寫字的終極風元素代表，他看的是大局，可以長時間暢談不切實際的想法。他的伴侶提姆則喜歡抓住主題的核心，他想要思考事情感覺起來會怎樣，也喜歡仔細考慮人與人之間的關係——當他們一起合作某件事，會有什麼共同的感覺。結果藍道感到被否定，提姆則感到被忽略與被批評為過度敏感。

　　在以上兩種關係動態中，參與者都全心投入在批判、而非好奇上。好奇心可能是溝通中最重要的一項工具。真正的好奇心總是與開放的心並存，而假如我們的心態是開放的，就能接受任何人所

處的立場。詩人魯米寫過：「在是非對錯的想法之外，有一片廣闊的田野，我們會在那裡相遇。」

在我帶領過的每一個團體中，很多人都曾表達對「不帶批判的聆聽」的渴望。有趣的是，頭腦就是個製造批判的機器，沒有方法可以控制它那自動批判的傾向。我想，大家真正想要的是有人聽見自己的心聲，或許有各種評判在那人的腦中紛飛，但他沒有讓那些評判阻礙真心的傾聽與陪伴。

舉例來說，我正在跟朋友梅麗莎談論她兒子小波的事，她告訴我他又再次跟她謊報成績，讓她非常生氣。我腦中想著：「這臭小子真的很糟糕，怎麼這樣對他媽媽，我真討厭他這樣。」我注意到自己的這個想法，而開口時我說的是：「啊，聽來很讓人沮喪！告訴我妳的感覺。」

梅麗莎說自己沮喪到不行，也很受傷。「我希望事情會不一樣。」她說道。

我的大腦說：「小波不會改變的。」但我嘴巴說的是：「這件事我可以怎麼幫妳？」

我經歷過很痛苦的教訓才學會：不要替別人做盤點清單，因為那只會耗盡我的能量。每次我想解決別人的人生問題時都會自問：「我自己需要留意什麼忠告？」如果有人很明確詢問我的意見，我會盡己所能給他們一些好建議，但沒有人喜歡收到他人主動提出的忠告。

我們很容易把自己對他人的批判誤以為是需要給出的忠告。即使我有最恰當的答案可以回應梅麗莎，但也會缺乏影響力，因為

它並非出自她的內心，而且她當下最需要的是連結，這麼做可能會使她疏遠我。我可以相信她會知道自己的最佳解答。

評量：你是這麼說的

溝通對我們的幸福、成功，甚至生存都很重要。好的溝通包含了想要傳達一個特定訊息，以及讓那個確切的訊息被接收與理解。

在下列的項目中，把所有對你為真的句子圈起來或打勾。

🔥 火

我說話

□ 很直截了當　　　　　　　□ 是向當權者說出真相

□ 很誠實　　　　　　　　　□ 不會意識到他人感受

□ 會緊接著別人說完之後說　□ 會不等別人說完

□ 很熱情激昂　　　　　　　□ 很愛跟人爭論

□ 很勇敢　　　　　　　　　□ 直言不諱

□ 很生氣

□ 比別人大聲

🌱 土

我說話

□ 慢慢地　　　　　　　　　□ 很嚴肅枯燥

□很深思熟慮　　　　　□很重複

□很明確　　　　　　　□聲音很單調

□很謹慎　　　　　　　□會語帶批評

□很實際　　　　　　　□喜歡直接說重點

□條理清楚

□讓人聽起來很舒服

風

我說話

□很抽象　　　　　　　□很客觀

□有邏輯　　　　　　　□傲慢

□很公平　　　　　　　□很不連貫

□很坦率　　　　　　　□晦澀難懂

□很激勵人心　　　　　□沒完沒了

□很偏激　　　　　　　□沒有根據

□很理智

水

我說話

□輕聲細語　　　　　　□能與人共感

□很溫和親切　　　　　□充滿愛與關心

□很有同情心　　　　　□很討人喜歡

□很有力量　　　　　　□是出於受過傷的心態

□很有情感　　　　　□很可憐的樣子

□語帶迴避　　　　　□是出於無能為力的心態

□不懷好意　　　　　□像個受害者

留意你在哪一個元素下圈出最多溝通特性。

回頭再看一遍，在你想增添到你的說話、寫作，以及其他透過言詞與他人連結的風格之中的幾個特性底下畫線。一開始，先列出五個你想整合到溝通風格裡的新特性清單。把這張清單帶在身邊，每天都設下一個意圖去提昇那些特性。一天結束時，打勾核對一下你確實運用了哪些特性。

你是這麼說的：練習

1. 勇敢詢問你生活中的三個人，請他們坦白評量你的溝通風格。好好聆聽他們分享你是如何表達的。

2. 在你的日常生活中，有意識且有意地利用你在評量中有畫線的溝通特性。

聆聽

第三場域需要說話與聆聽兩者並重。在訓練諮商師與指導教育工作者和員工如何傾聽的四十年當中，我發現大部分人都自認是還不錯的傾聽者，即使是在我們需要增進這項技能的時候。以下是我們自認有在好好傾聽，但實際上是在做其他事情的最常見方式。

火元素的人很容易進入「毒性正能量」中，而非深刻聆聽。
莎莉在跟我說她對於交往兩年的伴侶劈腿有多傷心，我回答：「聽著，妳知道沒有他妳會過得比較好。只要專注於所有對妳好的事情……如果只往好處想，妳會好得比較快。」這樣的回覆不算很糟糕，只是沒有深刻的聆聽。我之所以試圖讓莎莉感覺好受一點，部分原因是這樣我就能不用在她痛苦時陪伴她。

如果我的火象很多，這種快速燒光痛苦情緒的策略對我來說可能很自然，但是若假設別人也是這樣，他們最後可能會覺得沒有得到傾聽。此時需要的是同理心，也就是真正讓莎莉感受到她此刻的感覺。我可以與她一起處於這些不舒服的感覺中，並信任她會找到讓這些感覺放鬆、走向新生命的完美途徑。

土元素的人很容易給予忠告，而非深刻聆聽。別人在跟我們分享重要的事時，提供睿智的忠告可能感覺很好，但比起我們高明的指引，他們通常更需要的是真正深刻的聆聽。當我們主動給出忠告，傳達的訊息就是我們不相信對方內心中知道答案——我們相信我們的智慧勝過他們自己的智慧。

假設朱利安打電話跟我訴說他父親脫序的行為，爸爸老是在他上班的時候醉醺醺地打電話給他。我插嘴道：「封鎖他的號碼，你不必再讓他能找得到你。」朱利安立刻變得很安靜。他很尊敬我，所以想聽我怎麼說，但我卻立刻剝奪了他為自己思考應該如何處理這個複雜問題的機會。如果感覺我的建議不太對，他還得思考是否要解釋原因，他或許也會擔心如果不遵從我的忠告，我會覺得不受尊重。朱利安真正需要我做的，是深刻聆聽他的故事，然後問

他，他認為什麼樣的解決方法可能對他最有效。

風元素的人很容易分心，而非深刻傾聽。別人正在跟你說事情，而你卻很快轉移話題、開個應付的玩笑、低頭看手機，或腦子裡開始在構思採買日用品清單或待會兒要記得打電話給誰，這麼做的你人就不在當下。身在充斥這麼多令人分心事物的世界，這種聆聽形式的發生頻率，比我們任何人所願意承認的都還要高。

水元素的人容易表達認同，而非深刻傾聽。柔依告訴我她跟繼子正面臨一個大問題：「他都不聽我說話，晚上會跑出去，然後很晚很晚才回來……」我立刻衝口而出：「啊！我繼子也會那樣……實在令人很火大………我完全沒辦法讓他不要那樣。」

在那一刻，我覺得我們真的互相了解。她遇到問題，而我也有同樣的問題！但是當別人在說他們的故事，你突然插話表達認同，你在做的其實是要他們轉而聆聽你的故事——現在「你」成了談話的主題，而非接收者。在別人說話時向他們表達認同不是壞事，但那並非深刻聆聽。

「你是如何聆聽的？」練習

在上個章節中，你有認出自己常用什麼方式回應他人嗎？你主要是個表達認同者、毒性正能量分享者、忠告給予者，還是個分心者？或者當有人需要傾聽時，你的回應方式囊括了全部四者？

請找個夥伴來進行下一個有趣的練習。我鼓勵你在練習過程中玩心大發，請記得，每個人（包括我）有時候都會用這些方式傾

聽，而那通常沒什麼大礙。這只是給你一個機會，去感覺真正深刻的傾聽與我們通常會碰到的傾聽之間的不同。等你做完這個練習，會對選擇當一個什麼樣的聆聽者有更高的覺察力，你也將更清楚你最想被聆聽的方式。

1. 選好誰要先分享。分享者會提出某件一直困擾他的事，最好不要太沉重。

2. 分享者開始說明自己的狀況，傾聽者先聽了一下，然後故意用表達認同的陳述插話。讓分享者有一點時間去感受那種感覺。兩人稍微聊一下那種感覺。

3. 當分享者繼續說他的故事時，用一些毒性正能量的話轟炸他。如第一輪一樣，花一分鐘討論一下那是什麼感覺，然後再繼續進行忠告給予與分心兩種回應。

4. 互換角色，再重複一遍。

5. 最後再花幾分鐘討論一下你們的發現。

真正深刻的聆聽

真正地、深刻地聆聽意謂著與說話的人同在，對他們要說的事不帶任何預設的想法，對方說話時也不用有條理地回應或回答。請你抱持彷彿是第一次這麼做的態度，完全開放與包容地聽對方說話，即使對象是你長年來往的伴侶或朋友。

無論你天生是哪個元素比較強，只要真心重視當個最好的傾聽者，你就能帶入其他元素的力量。當我們真正地、深刻地聆聽，

就是在邀請所有四個元素：火元素反映出我們用全神貫注的注意力去傾聽的能力。土元素是關於保持穩定，即使是在我們面對強烈情緒的時候。風元素是關於帶著認知同理心去聆聽，意指保持一種客觀、甚至冷靜的觀點，去輔導對方找到他自己的理解，而非越界與衝動地去拯救他們。水元素代表我們抱持同理心去傾聽的能力，並連結某人正提及的感覺。這種類型的傾聽更以心為中心，且聚焦於情緒狀態的細微差異與曲折變化。

* * *

我們以為自己在聽，但我們極少用真正的理解、真實的同理心去聽。然而，這種非常特別的聆聽，是我所知最有效的改變力量之一。

——心理學家卡爾・羅傑斯（Carl Rogers）

（一位有紀律又忠誠的溝通者，他的太陽、月亮、水星與土星都在務實的土象摩羯座）

* * *

接收與反映

深刻傾聽意味著真正注意到對方在說的「內容」與「過程」：對方口中說出來的話語（內容），以及他們的身體語言與情感語氣（過程）。當你深刻投入這一切，請設下熱誠聆聽的意圖，也就是反映對方所說的內容與其背後的感受。如果強尼跟我說：「每一天鬧鐘響的時候，我要起床都很掙扎，因為我總是會頭

痛。」我可能這樣回應他剛剛說的內容：「嗯……所以你的頭痛讓你早上很難起床。」這只是一個內容的反映，而光是這樣就能讓對方感覺很好，認同你理解他們了。

接著再加上「過程」，也就是反映編寫在情緒共通語言中的感受，則有助於他人感覺更被看見與受到照顧。假設莫莉正在跟我說她有好多耗時的雜事要做，因為同事一直積著這些工作不做，就算她努力替大家完成，他們也沒有什麼反應。我可能會回應莫莉：「聽起來妳感覺非常厭倦，他們似乎並不理解妳所做的事……就是沒受到重視又疲憊不堪。」莫莉點點頭，她的身體放鬆了，並知道我在乎她的感受。

另一個有用的聆聽技巧稱為「總結」或「釋義」。總結是你已聆聽了一段時間、有了一些可以回應對方的重點時可以做的事。例如蘿克希告訴我，她家在加州有幾套房產，都會遇到不付租金的房客。蘿克希對那些不付租金的房客束手無策，這也對她的經濟狀況造成負面影響。如果我要總結內容，不是把整件事對她重述一次，畢竟我可不是抄寫員。我能對蘿克希說的是：「妳家裡現在有很大的經濟壓力……妳一直收不到房租，那是妳需要的收入，而身為房東的妳在過程中看不到緩解跡象。」再說一次，如果你總結得很正確，就會從對方的身體語言中得知他們感覺自己受到聆聽。

最有用的深刻聆聽技巧就是平靜。對於要提供建議、安慰、改變話題或以其他方式讓事情有進展，我們經常感覺壓力很大，但只要保持在平靜中，全然地聆聽，就是讓另一個人有完整表達

自我的空間。練習聆聽然後理解，而非聆聽然後回答。留意你想去填補空白與做一些事的衝動；做個深呼吸，然後重新把焦點放回你正在聆聽的那個人身上。請記得，當對方很安靜、全心投入地聆聽我們說話，我們會感覺自己像是備受關愛的焦點……這本身就是強而有力的療癒。想喚起那份深刻的寧靜，你可以想像自己是一座巨大平靜的湖、雄偉的山、一片蔚藍的天空，或一堆極其美麗、平和的營火。

這門深刻聆聽速成班的最後一課，是提出開放式問題。一個開放式問題要包含「什麼」或「如何」，不能只用簡單的是或否來回答。例如，成為單親家長的這些日子以來，你感覺如何？你對成癮症知道什麼？它如何影響你的家人？你的假期過得如何？高峰與低谷是什麼？優秀的傾聽者會真正感到好奇，並且會問很多開放式問題。

大家應該都聽過俗話說人有兩隻耳朵與一張嘴的真正原因：因為在所有情況中，我們都應該聽的比說的多兩倍。由於我是個專業傾聽者，這對我來說都是第二天性，而這點有其不利之處：我有過數百次的經驗，在社交場合中沒有人問我問題。大家都渴望被聆聽，所以一發現我是個能深刻聆聽的人，就會開始非常熱烈地吐露自己的心聲，因此忘了我也是個需要被聆聽的人。隨著聆聽技巧越來越好，你可能就會開始注意到這種情況。這只是一個小小的代價，因為作為一名優秀的聽眾，能夠從中獲得的回報遠遠超過這個代價。

若你想被傾聽，就應該花時間去傾聽。

——女性主義詩人瑪姬·皮爾西（Marge Piercy）

（她的月亮與冥王星合相在巨蟹座，並與在雙魚座的金星呈三分相）

深刻聆聽：練習

　　請與一位夥伴一起坐下來，接著用計時器計時兩分鐘。

　　先由一個人分享某件發生在他身上的事，可以是困難的、開心的或任何介於兩者之間的事。另一個人的工作就是單純地、深刻地聆聽，然後練習反映、總結或釋義，留點餘地給沉默，並詢問開放式問題。

　　兩分鐘結束後，互換角色。雙方都分享完後，花幾分鐘一起聊聊感覺如何。

＊ 啟示 ＊

　　水星一年會在其軌道上逆行（即倒退著走）三至四次，每次大約為期三周。這個行星主宰所有的溝通形式與旅行，因此當它逆行時，我們都會受到挑戰，要更小心照料所有裝置、交通工具與言語。

　　在神話中，水星是魔術師。在它後退（或說轉向內在）的期間，我們會經歷到各式各樣有趣又令人氣惱的延遲與誤解，促使我們在溝通

與旅行上要慢下腳步。我們把如閃電般快速、高效率的溝通與旅行視為理所當然。試想一下，當今每件傳送或交付的事物都是清楚且準時的，這可是多大的進步？數千磅重的飛行金屬，多數時候能載著數百人並順利運行，不是天大的奇蹟嗎？

在水星逆行期間，我們可以把在溝通系統、合約與旅行上的每一項惱人阻礙，都視為一次提醒鈴聲：要我們暫停、處於當下記得感恩。

我們全都仰賴連接與抵達各地的系統，這系統的複雜性深不可測，而我發現水星對於謙卑地尊敬這種複雜性有著最佳的反應。如果大家都願意在水星逆行期間，每天做一次水星冥想與感謝，就能改善、提昇我們的溝通與運輸經驗。

在水星逆行期間，請記住我所謂的「三的法則」：在傳送任何東西出去之前檢查三次。檢查語調、內容、數字與日期。這有助於避免更多混亂。我發現這個「三的法則」確實能讓水星逆行期變得非常令人滿意，激勵我更能意識到與欣賞語言的力量。

有些人的星盤中就有水星逆行。這代表一份額外的祝福，以及要成為一個體貼細心、從容不迫的溝通者的責任。你生來就帶著一份使命，要深思與精煉你的話語。我唯一要請你小心的是：別太迷失在潔淨心靈（mental flossing）[2]中！把話說出來、寫下來，然後釋放它。

* * *

---

2 指搜尋腦海中討人厭的殘留物，例如潛伏的負面思想、自我批判、自憐、灰心的、失敗主義者……等等的想法，然後做一些事把它們清理掉。

給予＋接收：在溝通場域中創造平衡

現在你已經思考過別人如何接收你的溝通，以及你是如何聆聽別人，對於自己在這個場域中哪一個元素最強，你就有了概念。當然，在這個場域對某一元素的強烈傾向，可以是巨大的力量來源。許多火元素會帶來熱情、激勵人心、有創意的溝通能力。有許多土元素的人，通常非常善於理智、冷靜、審慎且富有同情心的溝通。有許多風元素的人很容易成為絕佳的有遠見者、思想家，以及抽象概念的溝通者。許多的水元素則會帶來情緒溝通的天賦，以及深入挖掘真相與藝術靈感的能力。

讓我們來看看幾個真實案例，在本身的一個或數個主導元素之外，他們也培養其他元素，因而得到更好的平衡，同時也更有效地表達出他們的天賦優勢。

麥克斯大量閱讀，持續看新聞，知道一切最流行的事物。他對資訊正確性有著過度的自信，麥克斯在任何空間都能輕易吸引眾人目光。他在說話的時候，你幾乎一個字也插不進去，因為你說的任何事，他都會以高人一等的知識予以駁斥。他顯然培養出風元素的正面能力，即建立關係、學習新事物與散播資訊，但是還沒有精通水元素的聆聽特質（意識到他人此刻的感覺），或土元素的特質（在說話時閱讀到他人的身體語言）。麥克斯從幾位重要的親近之人得知，他們並不喜歡他的訓話，於是他便參加溝通課程。課程中他漸漸明白，自己以為的溝通基本上是在演講。麥克斯開始練習保持好奇心的技巧，提出開放式問題，並反映出

感覺與實質內容。他有意識地放慢說話速度，好讓別人有機會真正聽到他想說的話。

在與人交談時，芭芭拉時常被內心的感覺壓垮。一旦對事情有強烈的感受，她就會崩潰大哭，無法繼續說話，經常得匆忙告退，找個地方蜷縮起來發洩。因為其他人不像她一樣對一點點事情就有那麼大的情感反應，所以她常常感到寂寞與受到誤解。芭芭拉太容易被難以承受的感覺所綁架，因此她必須理解自己的感覺並非事實，也就是她感覺到的事並不代表對別人、甚至對她自己來說是真實的。她的情感自我如此強大，可能促使她去編造故事，但一旦情緒平穩下來，芭芭拉就會意識到這些都不是事實。她開始做土元素的練習：在說話時深呼吸。她經常暫停，讓自己回歸中心與接地，如此感覺的浪潮才不會淹沒她。她也開始更客觀地去傾聽，這樣就不致馬上陷入自己的感受中，而是能去思考對方在說的話，並審視那些提出來的想法，而非被強烈的情緒所擊倒。如今芭芭拉即使在哭泣時也能清楚地說話；她也學會停下來、振作精神，這樣在與他人相處時她就能感覺更踏實。

JD說話很清晰，但要花很多時間才能了解她在說什麼。她說話太緩慢而冗長，因此等她說完所有內容，再有耐心的聽眾都會煩得要死。JD一明白自己小心謹慎的講話方式阻礙其他人了解她，便去上了一些公開演說的課，學會講話要更簡潔，也要運用更多樣的語調。幾個月後，JD注意到大家變得更有興趣跟她說話。如今她能傳達出自己的觀點，甚至加入一些火元素的才能，使其具有真正的影響力。

多琳真的很擅長說故事，但經常偏離故事核心，就連她的題外話都能連結到題外話！她說故事的方式太有創意，雖然剛開始有很多聽眾，但大多數人還是跟不上她的腳步，因此等她終於要說到故事的重頭戲時，聽眾已經對主要事件失去興趣。多琳發現自己容易在重點時刻失去聽者的注意力後，便開始學習土元素的自我編輯技巧。她練習把故事分成較小的區塊去講述，並在故事的間隔中，不時檢查一下聽眾有沒有跟上她，以及他們是否有問題或意見。透過用土元素來平衡她的火元素，最終創造出一個溫暖舒適的故事聆聽聚集地，而非用一堆交織爆發的故事線所堆疊出來的失控營火。

繼續往前……

要提高你有效溝通的能力，可試著引入四大元素的巧妙能量：

火：勇氣，透明度，真實性。培養熱火般的率直特質，同時注意要創造的是和諧而非勝利。培養保持清醒和參與他人觀點的能力，同時感受對話的熱度。

土：簡潔，沉著，實際。培養對說話所需時間的覺知，並清楚知道你分享的目標。學習在說話時踏實且歸於中心，並注意你分享的步調與長度。以耐心且穩定的方式去聆聽他人的擔憂與感受。

風：靈感，口齒伶俐，清楚。培養用字與措辭的清晰度與特色。努力待在正題上，不要說太多題外話，並學習包容與讚美各種

觀點。對根本上的不同要保持好奇，不要妄加批評。

　　水：安全，有愛心，同情。以同理心來引導對話。展現真正有興趣理解他人的核心價值觀與感受。避免用強烈的情緒反應壓倒溝通。學習運用感覺作為適合進行進一步討論的入口。

4

第四場域
內在與外在的家

第四場域跟占星學第四宮的兩個重要焦點有關：你實際居住的家與你在那個家中所體驗到的感覺。在本章中，你將探索如何透過四大元素，有意識地為自己創造居住空間，以及你在家中生活與表現的情感基調。

占星的第四宮是關於家、家庭、祖先，以及歸屬感。你第四宮中的星座描述了你早年受到的影響，並賦予你的居家與家庭生活的特質，而第四宮的行星則代表了與家和家庭相關的課題、強項、學習領域與潛在成長。（如果你在這一宮沒有行星，你的焦點應該就在位於宮頭的星座上，把那些特質提升到最高表達。）

比如說，你第四宮的宮頭是雙魚座，那麼這個星座的正面與負面影響，像是天馬行空、想像力、感受力與魔力，以及憂鬱、成癮、祖先陰影與過度敏感，都會影響你的居家與家庭生活。若星盤中的土星位於第四宮，你對家與家庭就會有很大的責任感，並伴隨

著與歸屬感議題有關的考驗與磨難。土星在第四宮代表你有潛力成為真正的老師，傳授堅定的家庭價值觀（無論你如何定義那些價值觀）。

第四場域中對於「家」的定義，有部分是關於你居住的建築或住所，如何反映你的內在本質，並映照出你覺得最能受到滋養的方式。「家」的外觀與精神是否符合真實的你？它展現地、風、火、水元素的方式，是否與你星盤中的元素相得益彰？若非如此的話，你可以做出什麼樣的改變好帶來更多平衡？這是我們在本章中將探索的一個問題。

這個場域是關於你的家的感覺，以及你身處其中時的感覺。每一個家都有各自的感覺基調，而我們可以像選擇合適的沙發或掛在牆上的藝術品一樣，帶著意圖創造出我們想要的基調。

讓我們深入探討你家在建築與感官上的特質。它如何反映出你這個人？給你的感覺如何？有沒有什麼方法可以塑造或調整你家的細節，創造更好的平衡？

你有形的家

你能回想起自己在旅行，或者是無法選擇住處而被困在感覺完全不對的地方的時刻嗎？我經歷過那樣的時刻，感覺就像不可能得到真正的休息——彷彿我與那個地方之間有著看不見的摩擦，或是需要樹立起自我保護的屏障。無論是何者，我最後總會感到疲憊不堪、警戒與緊張。

每個地方都有自己的心理學。我們踏入別人家的那一刻，就會對那個地方產生一種直覺。有些地方令人毛骨悚然，有些地方令人極度放鬆或生氣蓬勃，有些地方令人感到窒息或受限。每個人對空間的反應會因為自身的心理狀態而截然不同，一個對我來說毛骨悚然的空間，可能會給他人帶來靈感；一個對你來說舒適溫馨的空間，我可能覺得封閉又通風不良。我們星盤的元素組成以及占星第四宮的狀況，都能幫助我們了解自己對不同空間的直覺反應，以及如何運用讓我們的居住環境感覺全然像個家的方式來打造它。

✴ 啟示 ✴

占星學上的第四宮也與母親有關：我們如何被母親照料，以及我們如何當個母親（男人、女人與非二元性別者都能如母親般照料他人，沒有小孩的人也辦得到）。它也代表了我們被賦予的根源，這會支持或阻礙我們的歸屬感，以及感到安全和受到滋養。

就心理學而言，第四宮透露了來自我們原生家庭的課題與禮物，也描述了你在最私人時刻的樣貌：當沒有人在看你，你在房間獨處的時候，你是誰？那個最內心的自我是從早期的家庭影響中建立的，對我們同時有著好與壞的影響。

我們永遠不會真正離開最初的家，那裡是我們內在性格與自我認知形成之所在。我們把它跟自己一起帶入每個居住過的家。第四宮可以賦予洞察力，使我們能夠選擇是否要繼承有害的家庭遺產。建立安全溫

馨的有形居家空間，以及建立情緒智商，是讓我們打破失能家族模式枷鎖的兩個重要方法。

＊

評量：熟悉四元素

以居住空間來說，重要的是要對你心靈最深、最脆弱的部分發出訊息：你是安全、受到保護的，而且可以放鬆。請記得這一點，然後看看這些反映火、土、風、水元素建築或房屋的清單，並從頭到尾看三次：

1. 第一次，請在描述出你目前居家環境的特色下畫底線。
2. 第二次，注意是否有任何你希望自己家擁有、卻沒有的特色，把它們圈起來。
3. 再回頭多看一次，注意是否有你希望少一點或完全去除的特色，在它們上面畫叉。

在這整個活動當中，心中要想著你靈魂最深處渴望的、讓你感覺最熟悉自在的建築類型。

🔥 火元素環境

戲劇性的	過度炫耀
色彩鮮豔的	不協調的

好玩的　　　　　　　　　　情感強烈的

吸睛的物件　　　　　　　　大件、風格大膽的藝術品

火的特色　　　　　　　　　狩獵紀念品

紅色　　　　　　　　　　　許多你自己的照片

橘色　　　　　　　　　　　雜亂無章的

黃色　　　　　　　　　　　凌亂的

🌱 土元素環境

木製或陶製品　　　　　　　洞穴式的

大地色調　　　　　　　　　在凹凸不平或自然的環境中

用鑄造或自然元素的家具　　在山上

織品地毯　　　　　　　　　堅固的建築物

舒適　　　　　　　　　　　耐久

永續材質　　　　　　　　　昏暗

令人窒息　　　　　　　　　令人發膩

不通風　　　　　　　　　　灰塵瀰漫

🌬 風元素環境

光線充足，很多戶外空間　　禪風

絕佳景觀　　　　　　　　　整潔

概念性設計　　　　　　　　現代

簡潔的線條　　　　　　　　樸素

白色的牆面　　　　　　　　消毒過的

陽台	遙不可及
高天花板	通風良好
簡單	

 ## 水元素環境

尊崇祖先	開放式設計
附近有水	浴缸
水的特色	潮溼
柔軟、優雅飄動的布料	顏色黯淡
曲線	鏽蝕的
藍色與綠色	有漏洞
室內外場域分野模糊	發霉

熟悉四元素：練習

完成以上的盤點後，與一位朋友討論，請根據你們討論的內容寫下一些東西，或創作一份藝術品。

有形之外

每個人的居住空間都有一種感覺。如果我們沒有刻意去思考的話，可能不會注意到，但我們以及曾待在那個空間的人都會感覺到。無論我們知不知道，別人踏入我們居住空間的那一刻，就會強烈感受到它的情感溫度。我們越能意識到自己想在住所建立的感

覺，就越能有效地創造我們想要的情感環境。

你想在你家用什麼感覺來接待客人？試試看後面這兩份評量。

評量：你家的感覺

從下列清單中，挑出你希望自己與他人在你的居住空間中體驗到的四個主要感覺狀態。與某個親近的人談談為何這些感覺狀態對你很重要，以及你要如何每天都更有意識地培養它們。

🔥 火

☐有活力的　　　　　　　☐吸引人的

☐令人興奮的　　　　　　☐充滿愛的

☐有創意的　　　　　　　☐富表現力的

☐充滿熱情的

🌱 土

☐溫暖的　　　　　　　　☐具一致性的

☐連結的　　　　　　　　☐儀式性的

☐富有質感的　　　　　　☐例行性的

☐支持的　　　　　　　　☐充滿感情與滋養他人的

☐擁抱的　　　　　　　　☐可靠的

❄ 風

- ☐ 輕鬆活潑的
- ☐ 相互對話的
- ☐ 忙碌的
- ☐ 健談的
- ☐ 見聞廣博的
- ☐ 有包容性

- ☐ 令人愉快的
- ☐ 心胸開闊的
- ☐ 有興趣的
- ☐ 無憂無慮的
- ☐ 追求多樣性

💧 水

- ☐ 體貼的
- ☐ 樂於助人的
- ☐ 親愛的
- ☐ 具感受力的
- ☐ 關心他人的
- ☐ 照顧周到的

- ☐ 容納的
- ☐ 有同理心的
- ☐ 善解人意的
- ☐ 融合的
- ☐ 無界線的

現在，再回頭看一次上述清單，挑選出你家中最不重要的四個感覺狀態。你所選擇的最不重要的特質，可能是需要嘗試增加的部分。

我們視為最不重要的感覺，經常以不受歡迎的方式發生在我們身上。比方說，我把「相互對話的」視為最沒有價值的狀態，可能會放任大家使用3C產品，或針對何時可以發言或討論那些主題有著嚴格的規定。我們優先考慮的事，自然會得到我們最多的注

意，而被忽略的狀態則會以很討厭的方式不斷尋求關注。

陰影元素

陰影情緒是我們經常埋藏起來的情緒，因為它們不受社會喜愛或欣賞。憤怒、恐懼、哀痛、沮喪與悲傷是其中一些例子。若我們不承認每一個元素都有一個感覺陰影，就會在不知不覺中排除這些陰影氛圍：

火：刻薄、沒耐心、好戰、好爭論、自以為是、吵鬧

土：沉悶、頑固、愛批判、挑剔、缺乏彈性

風：心事重重、分離的、冷酷、注意力分散、沒有目標、靈性逃避（拒絕承認陰影議題，繞過或越過它們，直接進入正面思考）

水：高度敏感、臉皮薄、主觀、悶悶不樂、神祕兮兮、態度輕蔑

別害怕注意到你家中存在的陰影感覺。一旦你開始更關注也更能意識到自己曾經忽略，或者認為是家中不重要的情緒特質，如此一來，就能開始更仔細地尊重它們。我的伴侶是水元素比較強，我則是風元素比較強，因此我們培養出充滿關愛與開放感覺的環境。有時，水或風元素的陰影面會出現：我可能很冷酷，會突然終止對話與派對；而我的伴侶有時會因為自身的高敏感而帶來情緒多變的氛圍。我們都還在學習如何以避免他人受傷的方式，處理自己的這些面向。

以我為例，每當我不想再社交，時間也過了晚上九點（是我上床睡覺的時間），就會開始想要送客。我通常會用善意、自嘲的幽默口吻說：「好了，我快要變身成壞女巫把你們全都踢出去了，因為我累壞了。」同時不忘再向他們保證，真的不是他們的問題，而是我本身的需求：「……但我希望你們知道我有多愛你們，而且我很高興你們過來玩。」我知道我有這個陰影面，但這只是我身上風與火元素的部分面向，所以我不會批判自己，或認為我應該要配合其他人而勉強自己假裝喜歡狂歡到深夜。在我了解這一點之前，我的確會假裝，以為這麼做會更能得到他人的歡迎與愛。那個陰影最後會逐漸成為一股以無意識的方式爆發的壓力，終究造成比我當下說出事實還要大的傷害。

自我覺察是減緩陰影感覺負面效應的關鍵。如果看不見相對應的黑暗，你就無法找到光。

陰影元素：練習

在一段對話、日記，或透過創作藝術品，來思考你可以如何處理自己的陰影，就像前面描述過的我和伴侶的例子一樣。

讓你的環境更完善

你離住在自己最滿意的環境有多遠？你可以做哪些小事來為現在的空間增添更多支持你身心健康的元素？

如果你跟大多數人一樣是與他人共享一個家，會需要就你們

共享空間裡的元素表達做出妥協。一旦明白家對你來說，在元素平衡方面缺少了什麼，就能與同住的人談談他們最想要與需要的是什麼。邀請他們完成本章中的評量，有助於促成這段對話，以下是幾個運用元素來提昇居家空間品質的故事：

我第一次拜訪保羅與珍時，他們是住在一個很像洞穴的屋子裡——完全不令人意外，因為他們的生日都落在土象的固定星座——金牛座。這間屋子呈現出他們靈魂中令人舒適、平靜、溫暖、熱情友好的面向。進入屋內，我不斷有種受邀被擁抱與滋養的感覺。隨著時間過去，保羅與珍決定打造能夠真正反映他們藝術性與極富想像力本質的家。他們聘請密友與藝術家來創造量身打造的家，這個家仍然能感覺到土元素與踏實感，但融入了挑高天花板、神祕藝術、巨大的壁爐，以及一處水景。更平衡的元素使訪客彷彿進入超脫世俗的空間，同時仍提供美麗的安全和支持。

我十幾歲的教子諾亞的房間反映了他的月亮金牛（昏暗、像個洞穴的、舒適）、太陽雙子和上升天秤（電影投影機與一個大螢幕，用來觀看他喜愛的動畫）。房間顏色很酷（灰色與綠色），每個平面都散置許多有意義的物品。即將從男孩變成男人的諾亞，對於完成學業及投入特定的職涯，遭遇到了困難。我建議他在房間裡加入一些火元素——床上鋪一條鮮紅色毛毯，在牆上掛一些帶有紅色、黃色與橘色的畫作。後來他跟我回報，這麼做幫助他想運用多一點能量去對事情全力以赴。

我朋友瑪拉的家常被大家稱為「美人魚的家」。這個位於海邊的家，裡面每一面牆都在向海洋生物與女神們致敬，整個家散發

出魔力與趣味性。它有趣地結合了戲劇性、色彩,以及無所不在的柔軟與溫柔感。你進入房子會覺得異想天開卻安全。這個家是火元素的「創意表達」與水元素的「包容一切的愛」的終極組合。

傑拉多與希瓦兩人是在科技與藝術界的創意先鋒,正在把他們的家打造成一部傑作——終極的風與土元素之屋。綿延的曲線與廣闊的視野,把訪客抬高到想像的高度。在這個家中能感受到神聖的寬敞空間與無限延伸的才智。

傑斯與雪莉畢生都致力於把家打造成藝術品。他們投資了大量時間、精力與金錢在發展工作農場與多戶家庭聚落的生態永續模式。他們的農場是由重新利用的穀倉建造而成,用太陽能板發電,並用回收水資源來灌溉。室內的挑高天花板與遍及用地範圍的健行步道,帶來一種廣闊與啟發人心的感覺。當我走入他們的農場,就感受到所有元素在共舞:火元素的喜悅與快樂、土元素安定平穩的榮耀、風元素的令人振奮,以及水元素的母性流動。

情緒智商

在可以安心去探索與表達情緒自我的地方,我們會感覺最自在。能做到這件事並非與生俱來的能力,大多數人在成長過程中也不會學到。很多人學到的是掩飾、隱藏、偽裝自己的情緒自我。當我們培養辨識、感受,以及用健康的方式表達情緒,就是在培養情緒智商,只要情緒智商變得越好,到任何地方就越能感覺自在。如果抗拒我們的情緒自我,就沒有哪裡會讓人真正感覺像個家。

孩童時期的我們，大都能學會掩飾令人不適的情緒，像是恐懼、憤怒、沮喪、羞愧或哀痛，以便適應環境或讓重要家人留在我們身邊。透過四大元素中的每一個元素，就能經由探索情緒自我，開始與各種情緒好好相處。當你認出一種強烈情緒，請花點時間思考下列問題：你真正情緒上（水元素）的感覺如何？那個感覺是如何經由你的知覺與感官（土元素）出現的？你如何說出你的感覺是什麼（風元素）？還有，你如何表達那些感覺（火元素）？透過四大元素來探索我們的感覺，不僅可以向它們的力量與智慧致敬，也可以減弱它們令人難以承受或觸發我們做出與自己價值觀相衝突的選擇的能力。這是在你自己之內感到自在的第一步。

說出感覺的技巧值得進一步探究，這與「情緒粒度」（emotional granularity）有關，指的是我們建立正確標記自己感受的能力。從說出一種感覺狀態到有能力去處理，中間有一段長路要走，然而只要說出它，就能馴服它。我們沒有說出的感覺，通常會「操控」我們，還可能驅使我們以不符合自己價值觀的笨拙方式去行事。

雖然強烈的情緒偶爾會讓我們感覺有如溺水或窒息，或像是整個人被吹走或燒成灰燼，但它們也提供有關我們內在最深處的需要與渴望的訊息。大多數人都被教導要把感覺放在一邊，以便把事情做好，但我們無法在隔離、審查或壓抑感覺的同時，還擁有身心健康、幸福的人生。另一方面，全然沉浸在感覺世界中、什麼事都做不成也是不健康的反應。在情緒方面有專長，代表擁

有充分感受與處理它們的方法與策略，不會讓它們把我們拖下水。培養這份專長能讓我們把感覺當成是日常演出的一部分來主導，而非讓它們全盤接手。

＊ 啟示 ＊

第四宮宮頭有火象或水象星座的人，像是牡羊或天蠍，可能會發現自己較難抗拒表達感覺的衝動。火象星座的牡羊、獅子與射手可能傾向用大吼大叫、摔東西或甩門來宣洩憤怒或挫敗感；而水象的天蠍、雙魚與巨蟹可能會傾向用戲劇化的方式來表達強烈感受，扮演受害者並試圖吸引別人來拯救他們。

＊

每一個元素都會為建立情緒智商帶來重要貢獻：

火：培養管理強烈情緒的能力，並巧妙地表達、而非笨拙地宣洩它們。

土：培養延遲滿足的能力，好讓你能帶著耐心與決心，朝某個長期目標或成就而努力。

風：培養為你的情緒命名與馴服它們的能力，並在你面臨困境或阻礙的挑戰時，把它們重新設定為正面的敘事與心境。

水：培養感受你的感覺，並以同理心與同情心去理解他人的
　　　能力。

　　維隆喜歡保持屋子乾淨整潔，而他的伴侶梅蘭妮與他們十幾
歲的兒女們經常把環境弄得很凌亂。維隆回到家又看到亂糟糟的廚
房，流理台上布滿咖啡渣，洗碗槽裡堆滿髒碗盤。他感到生氣和沮
喪，但是沒有選擇說出那些感覺，反而故意大聲且以被動式攻擊的
方式開始清理，並對任何經過廚房的人說出惡意、諷刺的批評。這
不僅讓其他人也開始生氣和沮喪，也不可能就每個人的需要與責任
展開真正的對話。梅蘭妮注意到他在生氣，便問怎麼了，維隆說：
「喔，沒事，我很好，別擔心我。」她感到被拒絕，便退縮了。維
隆甚至可能在一氣之下不小心打破盤子，被自己的感覺所左右。他
的星盤中有很多水元素與火元素，他應對憤怒與沮喪的方式很笨
拙，包括自我憐憫，感覺自己受到虧待（水元素），並且會表現出
來（火元素）。

　　現在，假設維隆決定運用情緒粒度的技巧，把情緒說出來以
馴服它。這套技巧融合了土元素（延遲他可能會從嘔氣或對讓他生
氣的人爆怒中得到的滿足感，好讓他能努力達成讓其他人多負擔家
務的長期目標）以及風元素（溝通感覺而非把它們發洩出來，並重
新設定一個較正面的心境）。他可能會把梅蘭妮與孩子們叫進廚
房，說：「我工作一整天後，回家看到廚房這麼髒亂會覺得生氣和
沮喪。這間房子裡的其他人都知道保持整潔對我來說很重要，卻沒
有做好該做的事來維護，我覺得很受傷。我要你們在我洗澡時把這
些清乾淨，你們可以在半小時內做完嗎？」其他人可以跟他協商這

件事，然後（但願）會做好他們該做的事。

　　我們來看另一個例子：莎拉最近剛與伴侶分手，很傷心難過。她的星盤中有很多土元素與風元素，她處理情緒的方式就是沉入憂鬱的狀態：待在家裡，不跟人談她的感受（笨拙的土元素），同時在內心不斷反覆想著自己的情況有多糟、做什麼事都不對、永遠再也找不到另一個人去愛（笨拙的風元素）。對莎拉最有幫助的是利用水與火元素：充分感受她的傷心與難過，並以她自己最需要的同理與同情心（水元素）與他人聯絡，以及努力尋找方法技巧性地表達與釋放內心深處的感受，可能是透過創意性的工作或劇烈的身體活動（火元素）。

繼續往前……

　　我們居住的地方以及在那裡的感受，對我們的日常生活有強大的影響，包括在私人時間我們感覺受到滋養的程度，以及家裡其他人感受到關愛的程度。透過平衡我們創造出的家的樣貌與感覺之中的元素，就能活出自己的最佳表達。

　　培養情緒智商能幫助我們與所愛之人無論身在何處都感到更自在。每一種元素都能以不同的方式用來支持情商的發展。若某個元素在我們的出生星盤中較少出現，我們可以在通往更高情商的旅程中努力去培養。

5

第五場域
創造與愛

占星學中的第五宮最重要的兩個特色，就是我們如何創造與陷入愛河。這些特色就是我們在第五場域要探索的焦點。

創造力與愛其實有很多共同點。想要自由地創造，必須踏入未知；而任何曾經被愛沖昏頭的人都知道，那是我們朝著未知領域躍進的最大一步。

許多個案會跟我抱怨他們在創意表達方面感到受限。會這樣並不意外，因為社群媒體與流行文化讓我們相信，除非創意表達能有助於獲得名氣或財富，否則就不該費心去做。隨便瀏覽一下某個人的社群媒體動態，就可能看到好幾個成就斐然的藝人與藝術家，他們都在做自己想做或拿手的事，而拿我們自己與那些吸引最多瀏覽與按讚數的人進行比較，是人類的自然傾向。我們覺得必須在我們選擇的表達形式上夠出色，才能獲得認可與喝采，否則就不應該費心去做。

我聽見很多人說「我不是很有創意」（人數遠超乎我的預料），我聽到的背後訊息是：「我快死了。」「創造」這個詞的意思是「使事物成形」，忘記身為人最神奇的地方在於我們可以有意識地使事物成形，就失去了我們的神聖火花。

　　找回創意的方式是透過第五場域，它與孩子般的好奇心、玩耍與愛有關。小孩子不會根據目標、截止日而創作，也不需要經過他人的批准，而且他們的創作是自由和出於愛的。那就是第五場域邀請我們進入的表達方式：那種不帶審核、期待或評斷，盡情挖掘我們不受限的創意源頭的表達。好消息是，我們所有人都可能像個充分表達的孩子那樣——充滿驚奇與讚嘆，隨時都準備要自由地表達。如果我們認定這個部分的自我很重要，並全心投入持續的創意練習，不管是誰都可以重新獲得它。

　　雖然維持一項創意練習的基本要素很簡單，但確實需要你認真地投入：

1. 設法找出你能取得創作力的途徑。事實證明，我們比較可能去做觸手可及的創作，例如在餐桌上放些彩色筆與紙張，或把你想彈的吉他放在客廳沙發旁邊。

2. 組織能夠一起玩創作或分享作品的可靠夥伴或團體。

3. 選出固定時間，在這段時間無論如何都要發揮你有創意的一面，無論是每天花五分鐘與小孩一起畫畫、每周花一小時與最好的朋友一起捏陶、周二和周六與伴侶一起寫詩或做拼貼畫、一周花三小時學習彈奏樂器，或任何你選擇的其他創意表達形式。重點是讓花在創造力上的時間變得規律且神聖。

你最強大的元素會為創意表現領域帶來禮物與挑戰。利用你較未充分表達的元素有助於克服阻力，並發揮你獨特的表達潛力，而引入那些較弱元素的最佳方法，就是與天生就具有你所缺乏的元素強項的人一起做事。

　　這裡有幾個例子：我的好友希維亞有非常多天馬行空的想法，如果沒有土元素夥伴們踏實的影響力，她可能會不受控制地飛到外太空。我那愛做夢的朋友凱特對自己的創意發想十分投入而且多愁善感，有時候就會需要土元素的現實面，讓她不再只是沉溺於想像與感覺，而是去採取行動。我那完全是土元素的朋友艾琳娜會整個人困在細節與實用性之中，很需要一把「遊戲之火」來更愉悅地激發她的創意才華。至於像我一樣的火元素型創意人，可以眨眼間就升起一堆創造力之火，但需要土元素朋友們幫助我堅持到底，我也需要水元素夥伴幫助我記得點子燃燒時，有時可能會灼傷他人。

　　你知道自己第五宮的宮頭是位在什麼星座嗎？如果知道，以下訣竅能幫助你開啟創意之流：

牡羊座：要麼就全力以赴，要麼就別做。大步跨入你的執行流程，並尋找優秀的盟友來做校訂與整理。

金牛座：用你的雙手開始進行吧，創作是為了單純享受型塑點子的樂趣。

雙子座：快速寫下或錄下來。若你無法好好坐著，就用口述。在練習的開頭，可以先漫無目的、悠閒地探索。

巨蟹座：「烹調」出你的創意面。與他人一起釀造東西，用美味的餐點犒賞一切努力。

獅子座：扮演角色。讓自己相信自己正在扮演某個角色，不妨穿上適合的服裝以進入角色。也要讓其他人參與你富想像力的幻想和角色扮演。

處女座：優先考量「做到」，而非「做對」。絕不要當那個評斷你的創作的人。專注於提高作品的數量，而不是完美度。

天秤座：每天都畫畫、著色或跳舞。你的創造力就是你靈性喜悅的來源。

天蠍座：考慮把醜陋與垃圾變成一種藝術形式，黑暗面是你的最愛。

射手座：先跑個一英里，然後坐下來創作。對你來說，創作自由就像環遊世界。當你想逃離到別的地方，反而要願意在你的想像中旅行。

摩羯座：讓創造力本身成為一種成就。若你約束自己不為特定目的去進行創意表達，就會找到一條放鬆的通道。

水瓶座：對你來說，友誼是發揮創意的方法之一。要定期召集朋友來進行創意計畫與活動。

雙魚座：你的夢境就包含了無數實現自我表達的建議。記錄你的夢，並用任何媒介創造出來。

＊

評量：創造力特質

請看看這份在創意表達上可能出現的特質清單。然後：

1. 在你使用創意的方式上畫底線。

2. 圈出你希望能使用創意的方式，並找出生活中擁有那份天賦的人。（你可以與對方搭檔，一起踏上他們的創意旅程，並向他們學習；或者可以只要在你需要更多他們擁有的創意特色時，學會如何模仿他們。）

3. 在你不熟練的使用創意方式上畫叉，並辨認出造成這種狀況的線索。（比方說，我身為火元素類型，每當承擔太多事情時，就會到達一種只想把東西都燒毀的地步，因為我自己也被燃燒殆盡了。當我內心開始累積對創作夥伴的不滿，我就知道自己正接近那個火元素的頂點了，我已學會把那些不滿視為我需要退後一步的線索。）

火

充滿激情	沒耐心
充滿熱情與期待	筋疲力竭
精力充沛	衝動
果斷	

 土

理性踏實	被困住
錨定的	固執
經過指導的	克制的
有耐心	

 風

啟發人心	散亂的
積極堅定	令人窒息
清楚	焦慮的
有遠見的	

水

沉浸其中的	疲憊不堪
連結的	失落的
流動的	陰鬱的
善感的	

創造力特質：練習

如果你想要更多的樂趣與喜悅，請務必每天都要發揮創意，因為能讓你有機會找到你正向、孩子般的本質。無論你專注於什麼元素，透過每天五分鐘自由、有趣的創意，將會提高你的幸福指數，何不現在就開始？

從元素角度看愛與戀情

第五場域是豐沛活力的來源。創造力與愛是人生充滿喜悅的關鍵。任何人都能創造，也都能愛。我們不能坐等外力來打開這些水龍頭。若你想要更多能量與活力，就開始進行創意練習。如果你希望生命中有愛，就要對他人更有愛心與情感。

這個場域也與愛情有關。從元素的角度來看戀愛，能幫助我們了解其自然階段。這些階段不一定按照這個順序進行，但每一段持久的愛情都會經歷全部的階段。

階段一：火──渴求與慾望

事情總是從一道火花開始的：一個眼神，一個手勢，一個字，一種氣味。似乎是出乎意料地，某人從一介普通的凡人，變成了你眼中的男神或女神。彷彿突然有巨大的光環圍繞著他們。原本看來顏色柔和黯淡的地方，只要此人在場，都變得令人愉快、色彩大膽鮮豔，充滿生命力。

在這個階段，你的世界彷彿自轉了起來，感覺到一股充沛的

幹勁與靈感湧現。你甚至可能覺得像嗑了藥一樣嗨，那是大腦回應你的鍾愛對象所產生的神經化學混合物質。剛剛產生興趣又不斷感到興奮的你，已從確定與穩定狀態大步跨越到瘋狂的未知中。你等不及想看到這個人，等不及想聽到對方的聲音，一切都開始圍繞著「與這個愛的對象交往」而動員與組織起來。

階段二：土──盡一切努力讓對方覺得你很棒

這個階段的你正走出幻想，進入愛與戀愛的真實經驗中。在確認彼此是否互有好感之前，都還處於新鮮單純的曖昧初期階段，你們或許會透過調情、打情罵俏、特別的巧遇或找理由聊天來確認。你開始為心愛的人打扮，就只為了與這位男神或女神的美妙約會。

在這個階段，大家會想要展現與感覺到最好的自己。因為與眼前「傑出對象」交往而精神振奮的你，感覺自己彷彿任何事都辦得到。你可以勤奮地早起運動；可以機智風趣地與對方交談；突然間可以像個三星主廚般的料理食物。這份新的愛會激發興趣，讓你的每一天都充滿活力。調情、讚美與贈送小禮物等方法讓你表達出你的感覺，如果這份感覺也得到了回報，那麼……事情就會開始加速發展。

階段三：水──共享深刻、熱情的接觸與感覺

現在我們進入最符合理想的愛情階段。一股令人驚嘆的正確、幸運與大量巧合的感覺，伴隨著對這份關係可能變成與代表什

麼的各種幻想。通常在這個階段，雙方會完成性方面的結合，所有可能帶來極大愉悅的肉體與靈魂的實體結合都實現了。（即使實際過程沒有那麼棒，但當所有其他要素到位，感覺仍像你們是天作之合的一對。）你的焦點都放在探索戀愛對象的內心最深處，事情發展有如命中注定一般——對方愛你，而你也愛對方。

幸運的話，你會在這個階段停留很長一段時間。你越渴望增加雙方見面的時間，通常這段時期就會持續越久。只要你不去認識對方凡人的本質，這個理想化的幻影就會繼續存在，不過隨著時間的流逝，下一個階段必然會到來……

階段四：風──懷疑與不安全感

在戀愛的這個階段，所有的恐懼與不安全感被釋放出來。你們都開始看見對方藏在男神或女神背後的凡人樣貌。這個階段總會引起對自己或對方心理上的懷疑與問題，嫉妒或不信任的想法可能會悄悄浮現。這時伴侶們會非常關心未來的事。「這段感情會走向何處？」任何人從神壇上跌落時──每個人終究會如此──失望就會出現。

沒有比被人視為男神或女神，或是視某人為男神或女神更令人陶醉了。這些理想的消失就會造成許多情感上的傷害與失望，進而促成另一個版本的火階段。

階段五：回到火──為權力而戰

只要是存在著兩個活生生人類的地方，就不可能每件事都用

熱情洋溢的愛去克服。衝突會因為不同的需求、渴望與慾望，以及對時間、金錢與責任分攤的憂慮而發生，也會環繞著你們對彼此創造出來的理想形象必然的背叛而發生。

在此階段，會有很多的「你以前都會……現在你……」爭執。比方說，「你以前每天早上醒來的第一件事就是唱歌給我聽……現在你只會對我發牢騷。」或是「你以前都說我是你唯一想觸摸、摟抱或做愛的人……現在你說你被別人吸引了？」（注意，任何說除了他們的伴侶之外，絕不會被別人吸引的人，不是正處於戀愛中的前三個階段……就是在說謊。）兩人會開始計較，進行自我審查並抑制感受；感受成了可怕的地雷區，充滿潛在的壓抑與情緒爆發。這也把你帶往下一個階段。

階段六：回到土──接受現實與做功課

不再盲目戀愛，人必須更務實一點並反省：我們到底在做什麼？我們對彼此來說是誰？在這段關係中我是誰？在這段關係中你是誰？這是開始檢視你們各自在這段關係中做了什麼，以及你們的價值觀是什麼的時候。你們的價值觀在哪方面是相同的、哪方面是不同的？差異之處的變通辦法是什麼？

當你開始進入這個識別的階段，就會明白在以理想化為特徵的階段，兩人做出的評量都不正確。隨著時間過去，你開始深入檢視與這個人在一起的現實狀態。若你有技巧，就會開始把你的情緒管理得更好，選擇勇敢又脆弱地談論你的感覺，而非用傷人的方式宣洩出來。

若你成功度過這個階段，就會對可能性有更踏實的想法。你開始計畫未來，這將帶來一個較進化版的風階段。

階段七：回到風──明確分享價值觀與計畫未來

「這是我的想法。」「我聽到你的想法了，可以兼顧你的想法與我的想法的方法有……」這是你們開始協商的時候，彼此有意識地建立起可靠的架構、儀式或習慣，以此來定義你們是兩個相愛的人。在這個階段，你們開始與彼此的朋友、家人產生更熱烈的情感依附。原本會自動產生的熱情，現在需要刻意花時間照料，你必須有意識地把培養親密關係作為優先考量，並為此擬訂計畫。

假如你們能通過這個階段、共同開啟未來，就將進入下一個（也是最後一個）階段。階段八可說是對靈魂最具挑戰性與困難，但也是能產生難以置信的豐富、成長與連結深度的階段。

階段八：回到水──同情，原諒，脆弱性，以及透明度

無論你做了什麼，如果一段戀情持續到這個階段，失落與創傷勢必已成為這段旅程的一部分。你可能有過絕望、極度喪失希望，又或者是了解到在戀愛中，也得要負擔日常生活中的責任與艱難。有時是你面臨靈魂的暗夜，有時是另一半遭逢人生的低谷。人在經歷低潮的時候，他們身邊的人也會感到沮喪絕望，因此只要伴侶中有一人陷入心靈的泥淖，兩個人其實都能強烈感受到。伴隨任何失落與創傷的，經常是一種「人生就只有這樣

嗎？」的感覺，而非你曾在地平線上看到的那個明亮、閃耀、毫無瑕疵的未來。

在這個階段中，伴侶之一或兩人可能會明白，他們需要在這段關係中保持一些自主權與距離，才能維持與自我的關係。為了創造出這個空間，他們可能需要做些調整。對於兩人中不想面對分離的那一方來說，這個過程可能造成對立與觸發過往遺留的深層傷口。

這正是有機會建立起真正親密感的階段；內心的脆弱變得更需要被關注且強烈。你們必須真正學習依靠彼此，不是以相互依存的方式，而是以一種安心且敞開心胸的方式，讓其中任何一方都能坦誠地說出：「我真的很傷心，我現在就需要你。」（請注意：「需要」其實是代表力量與主張的詞。）伴侶兩人都能依靠溫暖的共同過往，讓你們得以穿越艱困的時期。你們永遠可以利用過往中的美好回憶，提醒你們當初為何選擇在一起。

假如可以撐過這一切，你們就會知道世上沒有哪兩個人可以成為彼此的一切。沒有人能獨自通過戀愛的考驗。真愛需要來自可信賴的他人的反省與回應。也因此，你會開始與伴侶之外的人互動，與此同時，也逐漸把你的伴侶關係與你的「神聖隊友」（見第十一章）進行深刻的整合。

挺過創傷與失落，經過背叛與不可避免的小怨恨與感受，你們便到達了新的境界，其中深刻、真實的情感分享是基於信任與完全袒露的脆弱，其中的韌性則是基於一段攜手共度艱困時期的過往。你知道你們可以信賴彼此，陪伴彼此度過難關，也共同承

諾要相互聆聽與理解。你們知道路途上的突發事件不會奪走你們努力建立與維護的深刻不變的愛。你們維持著一股由雙方同等的尊重與渴望組成的穩定熱情之火，你們不再有那種肉體上一觸即發的性愛需求，反而有一股與對方真正水乳交融、靈肉合一的熱烈渴望。

浪漫的慾望與愛的初始階段總是自私的，都受到一種想要感到心心相印與興奮的龐大需求所驅動。那份浪漫的愛要能真正成長並延續，就必須進行轉化。當你經歷過這些階段，就能把各階段元素的力量保留在這份愛情關係中：熱情（火）、共同建立的資源與系統（土）、對未來的共同願景與對現在的共同見解（風），以及願意展現脆弱、關愛且真實的連結方式（水）。

第五場域的真實故事：戀愛

海密會是你遇見最可愛的男人——友善、有魅力又成功，但他在戀愛方面真的很不順利，因為他永遠都需要新鮮感。他沉溺在第一階段中，因為此時充滿放縱又精力澎湃的慾望與理想化的事物。只要慾望之火變得像一盞燭光，他就開始覺得提不起勁也看不見。跟許多人一樣，他完全相信那常見戀愛的迷思：如果火炬沒有持續燃燒，一定有哪裡不對勁。

我的許多個案都曾深信這個迷思。媒體大多把戀愛描繪成一股持續燃燒的火焰，又很少提及愛情所有的轉變與發展的方式。海密對愛情所抱持的限制性信念，一次又一次地令他徹底心碎。海密

星盤中的金星在牡羊，與木星合相，凸顯出華而不實與衝動的愛情傾向。那些愛火從未有足夠的時間燒到他的腳跟，他無法容忍在心上人身上看見平凡的那一面，也無法忍受自己被心上人視為一個平凡人。他總是會在關係中的某個時刻感到空虛與失落，而他相信這代表該是他放下這段感情的時候。

像海密這樣的人必須學會腳踏實地。大多數沉迷於熱火的人都很難處理自己的弱點。他們希望事情永遠保持熱度，不願意把自己或他人當成凡人，而且很想活在一個理想化的地方。通常這種傾向跟想要避開空虛、沮喪有關，但在新戀情早期如火一般的興奮階段，不可能感覺到空虛沮喪。我的任務是與他一起把焦點放在幫助他看見與欣賞日常生活的細緻浪漫，並認識到不是所有熱情都是由無法抗拒的吸引力所定義的。然而，要真正把這份理解融會貫通，海密將需要面對自己的空虛與沮喪。他必須接受自己基本上是在用戀愛早期大腦製造出來的強效神經化學物質在進行自我藥療（self-medicating），同時必須知道，他其實不需要它們也能建立一份真正長久親密的夥伴關係。

珍妮很擅長戀愛的實際面，因為她的太陽、月亮與上升都在土象星座。她對於建立儀式與習慣、餵飽與照料他人特別在行。透過互換有形金錢與無形勞務來展現愛、關懷與情感，她在這樣的環境中表現得非常好。她真正缺乏的是火元素。我們在療程中深入挖掘這一點，她才發現她遲遲不願去體驗自己的火元素是跟羞愧與恐懼有關：她體驗慾望的方式不符合主流家庭的模式，而且還包含一些禁忌的渴望。她也害怕假如她允許自己的火元素燃起，她會回頭

去從事一些年輕時做過的危險的性活動。

珍妮需要勇於脆弱且坦白地與伴侶談談她缺乏火元素的事。他們可以一起做哪些危險又安全、驚險刺激又有把握的活動？他們要如何一起研究出兩人之間少了什麼，並思考不會帶來毀壞的生起烈火方式？

拉葵兒的問題是她很會胡思亂想：太多風元素了。她不斷在思考戀愛、想知道戀愛是怎麼一回事，又對戀愛有著神經質的懷疑，但她又不願真正落入土元素或火元素──對她來說，那代表會被灼傷或窒息，這剛好也是她最恐懼的兩件事。於是她與她的水星與金星雙子座待在雲端：從遠處分析一切，看著跟這個人或那個人在一起是如何不合理，完全錯過墜入愛河的凡人經驗。

我們來想想「墜入愛河」這個詞的意思。為了像瘋狂墜入愛河時那樣地臣服於另一個人，我們必須允許那個想控制一切的小我轉移原本的焦點。我們必須讓自己被扔到未知之中，必須願意受傷。我們要刻意放開自己最踏實的那部分，讓自己陷入無法預測結果且危急的情況中。

拉葵兒與我談論這對她的意義何在。她開始了解，為了有足夠的信任以臣服並墜入愛河，她必須做些深入的內在小孩功課。她內心非常年輕的那部分相信，如果她勇往直前地愛上某人，自己最終可能會崩潰而死。只要跨越這一點，她就能開始相信──自己若去冒那個險，的確可能會受點傷，但也會得到極美妙、豐富、重要的愛的體驗。

瑪西剛開始跟人約會時都會被水元素所淹沒。她的月亮在巨

蟹座，上升在雙魚座，而太陽處女座則與愛幻想的行星海王星成四分相。她會直接進入無助、絕望的浪漫情感中。風元素的客觀性不見了；土元素的嚴謹與火元素的熱情也不見了。她就是無法擺脫情緒的水龍頭，她只要開始約會就會進入原始的討愛階段，狂問對方：「你愛我嗎？你會愛我嗎？你到底在不在乎我？」毫不意外地，這對她與潛在伴侶來說都很掃興。少了刺激的興奮之火、浪漫愛情的日常儀式，或看清楚情勢的能力，她的愛情似乎永遠無法起步。

瑪西需要的，是透過「認知行為療法」這種治療來進行深度情緒管理的功課。她將學到感受並不是預言，以及她「深刻豐沛的感覺」並非針對特定情況發生的。因為瑪西對一切都有深刻的感覺，而這些感覺並不應該被強加在未來的伴侶身上。寫日記與跟信賴的朋友交談，將幫助她放慢腳步，在發現浪漫可能性的過程中走得更自然與平衡。

評量：經歷不同階段的愛

1. 把你最有共鳴、或在戀愛中花最多時間的愛的階段畫圈。
2. 然後在你最沒有共鳴或花最少時間在其中的階段打勾。
3. 若你正在一段戀愛關係中，請在你認為目前正身處的階段畫個叉。

□火，第一輪：渴求與慾望

□土，第一輪：盡一切努力讓對方覺得你很棒

□水，第一輪：共享深刻、熱情的接觸與感覺

□風，第一輪：懷疑與不安全感

□火，第二輪：為權力而戰

□土，第二輪：接受現實與做功課

□風，第二輪：明確分享價值觀與計畫未來

□水，第二輪：同情，原諒，脆弱性，以及透明度

經歷元素的愛與戀情：練習

思考一下你在評量中的回答。花些時間把你最大的收穫寫下來、跟親近的人聊聊，或創作相關藝術品。

你從學到的事情中感受到什麼邀請？對於讓你的愛情長久（或者能讓你找到新戀情，若你現在沒有感情伴侶的話）所需要的，有哪些方面你已經很擅長且具備洞察力？你可以增強什麼元素？又是哪個元素正在以未能促進你想要的夥伴關係的方式運作？

繼續往前……

無論你是處於愛情的哪個階段，都能把更多第五元素「愛」帶入你的世界。不妨開始寫充滿愛與表達情感的電子郵件、信或簡訊給你在乎的人。在生活帶入所有元素：允許自己在日常生活

中自然表現愛意（火）；做出充滿愛的具體服務（土）；分享積極正面的想法與激勵人心的故事（風）；以及重視表達出脆弱與關懷，讓感覺有存在的空間（水）。每一次你以創造力與愛為出發點去思考、行動、計畫、製造或感覺，就是在滋養一片服務眾人利益的土地。

6

第六場域
健康習慣

第六場域與習慣與練習有關。要擁有卓越的心理與身體健康，我們需要同時具備能提昇能量系統與態度的有益習慣與持續練習。我們都有一些好習慣，也都有無益的習慣，而練習往往很難長時間持續。在第六場域取得成功，代表建立起來的好習慣足以減輕無益習慣的影響，以及致力於應付得來的練習，同時仰賴我們的神聖隊友擔任可靠助手（見第十一章）。

我們身處的世界，使得大多數人很難投入時間與精力在極度需要且能讓自己處於最佳狀態的自我照顧練習上。每一天都是一個重新開始的機會（火），實踐我們說過為了增進自身健康要去做的事（土），再次激勵自己（風），以及原諒自己過去的錯誤，並尋找會幫助我們維持習慣的情感支持（水）。我在此提醒一下：你是個人。

健康習慣不適合完美主義。你永遠不會處於完美的健康狀態，把目標放在你今天所能擁有的最佳健康狀態就好。要知道照顧自己就是在照顧社群，只有把自己充飽電力，你才能真正幫別人補充能量。

⁕ 啟示 ⁕

占星學中的第六宮是由處女座掌管。處女座反映了一句箴言：「上帝就在細節裡。」[3]第六宮談到我們的健康，重要的從來就不是做出重大承諾或籠統概括，而是我們給予所謂的「宮殿」——身體——的實質每日關注，以及我們為它做的一切小事。

以下是第六宮中的不同星座要維持健康習慣的祕訣：

牡羊座：確保每天都以一項充滿活力的例行訓練開始，即使只有十分鐘。

金牛座：活動是你身心健康的關鍵，只要動得夠多，就能吃你愛吃的食物。停滯是健康之敵。

雙子座：別再談論你的健康了，找個朋友督促你達成每天的健康習慣目標。若有個本身在鍛鍊身體或飲食健康的好友，你會做得更好。

巨蟹座：做出承諾，要吃乾淨、原型的食物，並且特別留意你喝的東西。攝取少量至零的糖分。

獅子座：在你的訓練中放入一些戲劇性。找個好玩的方式運動，並召集他人加入你的行列。

處女座：每天以可靠、可預測的靈性修行開始。留意你在開始這個習慣之後，每天如何過得更好。

天秤座：你的早晨永遠要以美麗與平衡來開始。你健康的關鍵是擬一份有節制的行程表；過勞或不睡會令你感到困擾。

天蠍座：專注於消除有毒的感覺與環境汙染。每小時都要喝水，每次上廁所就想像負面情緒從你的身體流出去。

射手座：長距離的散步與愉快的交談會是你的支柱。每天都要進行一次讓你的腿與心智得以伸展的徒步冒險。

摩羯座：攀爬是你的象徵，但你需要一雙好膝蓋才能持續。做少一點，但要有規律地做。

水瓶座：運用你客觀的大腦為自己的健康習慣設定目標，然後跟喜愛的群體一起去實現目標。

雙魚座：每天都以想像理想健康的一天開始，用觀想或引導式想像的方法都可。

　　把你每天要培養的習慣做成簡短的列表，晚上睡前在你完成的習慣上打勾。

⋯⋯⋯⋯⋯⋯⋯⋯⋯⋯⋯⋯⋯⋯⋯⋯⋯⋯⋯⋯　✳　⋯⋯⋯⋯⋯⋯⋯⋯⋯⋯⋯⋯⋯⋯⋯⋯⋯⋯⋯⋯

3　與「魔鬼就在細節裡」同樣是強調細節之重要，但較具正面意涵。

評量：健康與不健康的習慣

我們的整體健康狀態取決於為了提昇整體身心系統所做出的微小且持續的努力。當我們因為自己做了或沒做什麼而批判自我，就會創造抗拒與氣憤。接受是容許我們以開放而非指責的態度來思考改變的對策。你將發現在每個元素之下，熟練與不熟練的習慣看來可能是相反的，而這是很好的提醒，告訴我們有時只要反轉一下態度與行為，就能往更好的方向前進。在你經常做的項目上畫圈或打勾，同時留意你在思考每一個習慣時的感覺如何。

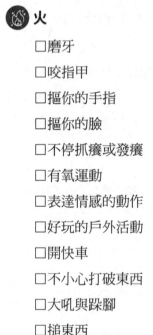 **火**

□ 磨牙

□ 咬指甲

□ 摳你的手指

□ 摳你的臉

□ 不停抓癢或發癢

□ 有氧運動

□ 表達情感的動作

□ 好玩的戶外活動

□ 開快車

□ 不小心打破東西

□ 大吼與跺腳

□ 摃東西

□自然的體貼動作

□保護他人免於危險的勇敢行動

□魯莽大膽的事蹟

□衝動與過度的狂歡

□反諷式的幽默

□盯著鏡中的自己看

 # 土

□太晚睡

□賴床

□戴太陽眼鏡

□沒有做任何防護就跑出去晒太陽

□待在室內發懶

□吃很多深綠色葉菜

□只吃「簡單碳水化合物」（主要由澱粉與糖製成的食物）

□享受一次美好的款待

□習慣狂吃糖

□烹煮健康營養的餐點

□邊趕路邊吃速食

□守時

□遲到

□刷牙與用牙線清牙縫

□洗衣服

□穿髒衣服

□謹慎地清理自己使用後的區域

□把你製造的髒亂留給別人清理

風

□說話清楚且有目標

□打斷別人說話，一直說自己的事

□閱讀富啟發性與令人振奮的素材

□狂熱地閱讀壞新聞

□看有趣的娛樂性節目

□在床上看垃圾節目

□聽很棒的播客

□用會傷害聽力的音量聽音樂

□練習一項樂器

□寫日誌

□為加強你的記憶力與腦力而閱讀

□只為了分散注意力而讀一些垃圾作品

□用安靜的時間反省與整合自己

□保持忙個不停的狀態

□大聲說話

□隱瞞自己的觀點

□經常因為走路不看路而絆倒

□抽菸

☐ 經常學習新事物

☐ 拒絕學習

☐ 遵守諾言

☐ 不守承諾

☐ 寫謝卡給他人

☐ 忘記感謝人們送給你的禮物

☐ 迅速回覆他人

☐ 對他人搞失聯

☐ 閱讀與回覆電子郵件

☐ 陷入社群媒體上的「瀏覽黑洞」

💧 水

☐ 經常喝水

☐ 水喝得不夠

☐ 攝取過多咖啡因

☐ 喝太多酒

☐ 用感恩與讚賞振奮人心

☐ 惡意地在人們背後說他們的八卦

☐ 詢問他人你可以幫什麼忙

☐ 沒有幫忙卻向人捯油

☐ 禮讓其他駕駛

☐ 開車緊跟其他駕駛後面，高速切入其他車輛前方

☐ 專心傾聽他人說話，並確定每個人的話都有被聽到

□與人分享過多個人資訊，完全不關心誰的話沒被聽見

□承認你的感覺

□否認你的感覺

□非必要不使用藥物

□使用藥物來逃避責任

□努力做到原諒

□緊抓住責怪與怨恨不放

健康與不健康的習慣：練習

　　仔細思考一下你在評量中有做記號的項目。你在哪一個元素做的記號最多？你可以從什麼元素獲得力量，來創造更好的平衡？別太為不健康的習慣苦惱，反而要聚焦在你的優點上。正面心理學已顯示，當我們更有意識地運用自己的優點，就能改善一些自己的弱點。例如，我花在冥想與運動的時間越多，我就越少吃糖。

　　對於承認自己有的習慣時心中浮現的感覺，請花點時間進行討論、書寫或創作藝術品。先不用急著改變，或因不健康的習慣而責備自己。避免立刻就下定決心要全面改造你的生活型態，好讓自己成為狂喝蔬果能量飲的健康典範。然而，你也要確實為自己目前有益建議的習慣感到驕傲與慶祝。要記得，全心投入較健康的習慣，是讓較不健康的習慣變得不那麼吸引人的關鍵。

　　一旦你清楚自己目前的習慣與它們所造成的影響，請從頭到

尾看一遍下列增進健康方法的清單。選一些新習慣來創造更好的平衡：從每一個元素清單中挑出一件你尚未持續做的事，然後承諾與一位健康夥伴或朋友一起做那件事三十天。

✻ 啟示 ✻

了解你星盤中的元素平衡，能幫助你選擇最有可能培養的習慣與練習，幫助你更能好好照顧自我。

- 若你的星盤中有很多行星是水象星座，請專注在用火元素習慣來激發能量。
- 若你有很多行星是在積極、衝動的火象星座，可考慮速度較慢的土元素習慣，來平衡你的生活起居。
- 若你的星盤被賦予許多土象能量，可用較多風元素習慣來提昇你的心智能量。
- 若你有多數行星是在任性的風象星座，可固定從事一些踏實的土元素練習，並用一些水元素習慣來加以緩和。

 火

規律的心肺訓練

徒步冒險

行動導向的創意表達，像是唱歌、跳舞、喜劇，或即興表演

團體運動

武術

任何能讓你捧腹大笑的事

土

瑜伽

氣功

按摩

每餐吃蔬菜

園藝

花時間在大自然中

一套完整的衛生清潔或梳洗儀式

一套完整的護膚儀式

照顧動物

風

啟發人心的閱讀

聽振奮人心的演講

寫日誌

進行研究

談話療法

參與一項有意義的團體活動

呼吸法

水

泡個奢華的澡

游泳

做白日夢

每天喝半加侖水

深層情緒釋放法

記錄夢境

適當休息

＊

真實的轉化故事：習慣與練習

珠兒的太陽在雙子座，金星在水瓶座與第六宮，很愛抽電子菸。她每天下班後都用它來放鬆心情，但開始覺得沒有電子菸就無法放鬆。發現吸電子菸是唯一能提醒她有意識地深呼吸的東西，她就知道自己生活中真正缺少的是呼吸。在上完一堂線上呼吸法課程、並做完三十天的練習之後，她發現自己比較不那麼依賴電子菸了。她並未完全戒掉，但比之前少用很多。珠兒很高興每天早上起床時，說話聲音不再刺耳，也比較不那麼擔心自己長期的呼吸系統健康問題。

三十二歲的帕克太陽在金牛座第六宮，月亮與金星則是處女

座。他之前一直在抱怨身體上的各種疼痛，過去幾年來他越來越少動，並且把責任怪罪到工作上。他的朋友寶琳娜（獅子座）邀他一起去上日出挑戰課程，這個課程會集合一小群有心投入的學員，每天早上從六點到七點進行高強度的間歇訓練。學員也會一起努力讓自己的飲食習慣變得比較健康。課程並不便宜，但課程帶領人承諾，三個月後任何人只要有不滿意的地方，他會全額退費。帕克便大膽一試，三個月後他覺得年輕了十歲，還開始跟他在課程中遇見的新對象約會。

麗茲的月亮在巨蟹座第六宮，太陽在極度敏感的雙魚座，她總是覺得沒有與自己的靈性校準。她的生活運行正常，但不知為何總感覺遺失了一大塊拼圖，很容易就落入沮喪與絕望的兔子洞。麗茲深切渴望的是與更大的意義源頭連結。我建議她學習一種氣功，它能帶來被宇宙深情擁抱的感覺。麗茲自行練習了一星期，然後加入一個成員來自世界各地的團體，每天在線上練習兩次。她告訴我，光是增加這個練習，她便逐漸感覺更有活力，人生也更有意義。雖然她的生活理論上沒什麼改變，但這個新練習仍幫助她感受到靈性的連結與強化。

泰咪的第六宮有太陽與火星合相在牡羊座。她對伴侶的暴怒令她很痛苦，她很容易生氣，然後就大發飆。即使這些憤怒已傷害到她的伴侶關係與孩子，她還是想不到停止的辦法。我建議泰咪進行為期十堂的創傷療程，使用的是一種名為「EMDR眼動療法」（Eye Movement Desensitization and Reprocessing）的方法，以找到她易怒的根本原因。在這些療程中，她深入探索兒時與專制橫暴的父

親相處時所產生的絕望與脆弱感。她開始解開自己對父親的憎恨，以及她自己為了感到更有力量，從而仿效父親行為的負面習慣。她與治療師一起努力建立認知與情緒上的習慣與練習，讓她可以在怒火燒起來前自己先嗅到味道。

　　習慣看似微不足道，但我們很多行為與互動方式都是由它們組成的，老實說，我們每個人多少都是自己好壞習慣的總合。我們可以做一些事來改變自己想改變的事，沒有什麼習慣是無法打破或養成的。每當我們對某人的壞習慣感到惱怒，就能重新把焦點放在誠實面對那些我們自己想轉移或澈底改變的壞習慣上。健康習慣與練習的獎賞，就是我們實現夢想所需要的能量與健康。

　　讓你天生的能量平衡在這段旅程中支持你。有許多火元素代表你可以用一道渴望更健康的火焰，去開啟嶄新的每一天。有許多土元素代表你準備好、也有能力去做你承諾要做的事，不再找藉口。豐富的風元素代表你善於密切關注能激勵你朝良好健康狀態前進的想法與文字。充分的水元素代表你天生就擅長根據你的需要與他人建立深刻連結，也能讓你的生活充滿愛與親密感──科學證明這兩者是健康滿意人生最重要的面向。

7

第七場域

支持地圖

寂寞與社交孤立會對我們的健康構成嚴重危害，這兩者在今日社會日漸猖獗，而本章中可找到解方。

這個場域的第一個焦點，是去了解我們需要什麼樣的支持，並且要對此很清楚。當我們知道自己的「支持語言」，並花時間去發掘對我們重要之人的支持語言，就可以避開當支持需求未受到滿足時容易出現的衝突與困難。

本章的第二個焦點是如何培養你在他人身上看到最欽佩的特質，將其視為你自身未被開發的潛在資產。我們經常渴望那些別人擁有的特質，卻看不見自己其實也具備它們，可以選擇加以培養與表達。有句話說：「發現它，就代表擁有它。」若你能在他人身上看見，它就存在於你之內，你也不必依賴別人把這些特質呈現在你的關係中。從所有元素中汲取力量，去培養你內在那些渴望擁有的特質，將增強你的一對一關係，並幫助你活出充分實現的自我。

你的支持語言是什麼？

我們能感覺深刻與他人連結的主要方式之一，就是給予和接受支持。我認識的許多人都深信，需要他人（即使是與我們親近的人）是一種軟弱的表現，而且會造成對方的負擔。他們認為：「如果我強壯、有能力又聰明，我就能解決自己的問題，不用麻煩或依賴任何人來支持我。」同樣的，這些人也經常渴望被人依靠，因為他們相信當個好人就代表要支持他人。身為心理占星學家與導師，我大部分的工作歸根究柢就是強調每個人都需要支持，而能夠向我們在乎的人尋求支持，不是一種懦弱的表現——那是力量與智慧的表現，也是一生健康幸福的關鍵。

大多數人總是不太清楚真正的支持看起來或感覺起來如何。我們可以透過自我成長書籍與文章來學習自己與他人的「愛的語言」，但這不太能涵蓋我們真正能支持彼此的方式的深度與廣度，無論是身為朋友、家人、同事或愛人。一旦我們聚集了我所謂的「神聖隊友」（更多相關內容請見第十一章），我們就有責任去學習什麼事最能讓我們感受到他們的支持，以及發展出能讓我們提出那些要求的支持語言，作為我們相互依靠關係的一部分。

我詢問過數十位個案他們怎麼樣才會感覺到來自他人的最大支持。在談論這件事的過程中，我發現大多數人從未深思過這一點。他們肯定不曾與最親密的隊友溝通過那些需要，也並不確知他們的團隊成員需要從他們身上感受到什麼支持。為了

幫助他們找出自己的支持語言，我請他們思考什麼時候會感覺未受到支持。他們分享了當他人做以下這些事情時，他們感到最不受支持：

- 刻意淡化他們的感覺
- 在他們說話時試圖說服或打斷
- 對他們做出不公平的論斷或嚴厲批評
- 在他們說話時心不在焉
- 懷疑或暗中算計他們
- 拿他們和自己比較
- 說他人閒話或貶低他人（因為若對方會這樣對待他人，也可能這樣對待他們）
- 在背後議論他們
- 對方不讓他們知道自己想要什麼或需要他們做什麼
- 不承認他們

從這份清單可以清楚看出，大家想要的就是受到理解與鼓勵。在這個基本需求之外，情況就會更複雜，因為每個人對於所自己體認的支持，都有一份非常特定的地圖，無法一體適用。我們可能會假設若對方愛我們，就會知道我們的需求，或者我們可能假設別人想要的支持方式跟自己一樣。這兩種假設都會以微妙且影響甚深的方式偏離目標。

四大元素因此成為了解不同的支持需求的絕佳方式。透過檢視四大元素的特質並從中認清自己，你就能更清楚自己的支持語言是什麼，以及如何向他人解釋。如果你有某項優勢元素，可能會看

見你的支持語言相當準確地反映在那個元素類別中；也可能在多個類別中看見你的支持語言。當你想要或需要支持時，看看以下這些描述哪些是與你相符的。

火

透過行動與大膽的展示來表達支持

與其告訴我，不如實際秀給我看。給我食物、花與禮券，讓我親身體驗。

你說會出現時就會出現，當個我知道會在我身邊支持我的人（在我們都同意的時刻）。

誠實待我，真誠體貼地跟我分享你真實的感受。

用熱情與特別的儀式向我祝賀。認可我的成就。

土

透過始終如一的努力來表達支持

做日常瑣事——大事小事都要做。別等到有人要求你或指望別人來為你加油。

送給我細心挑選的禮物與生活必需品。留意你可以送我什麼東西，最能支持我的努力。

冷靜、有耐心與包容。當我需要發洩或解決問題時，請仔細聆聽，且不要急著讓我變好。

當個可以信賴與始終如一的人，我需要仰賴你的愛與行動。

風

透過溝通來表達支持

經常對我說肯定與認可的話語，你的話會滋養與增強我的信心。

主動對我感到好奇。對我的信念、思想與想法感興趣，並問我重要的延伸問題。

當我心煩意亂時，請跟我一起深呼吸，這樣能幫助我找回中心。

願意用一種尊重的方式來反對我的想法。永遠都要尋找我們的共通點。

 水

透過真心的感受來表達支持

當一個安全的容器，讓我可以分享深刻的感受與敏感。接受我有強烈的情緒，這些情緒有時令我難以承受。

用同理心與同情心來看待我的問題。認可我擔心的事。

跟我在一起時請專注地與我同在，我們在一起時請把我放在第一位。

即使當我身處黑暗之地，請相信我會沒事。給我一些空間。

請記得，你需要的支持可能會因不同的場景與人而有差異。比方說，在伴侶關係中，只要伴侶不斷跟我說鼓勵的話，並深深著迷於我的創意，我就會感受到支持；你看，我的支持曲線主要是落在風元素。而當我不用人推一把或不需要有人感謝就去做很多家務時，我的伴侶則會感覺受到支持———種土元素的支持。當我們倆

都記得優先考慮這些支持需求時，我們就會感受到鼓勵與被愛。

至於在工作上，我的支持需求就不一樣：比較偏土元素與火元素。我需要別人直接告訴我他們的需求、渴望與讚賞。我的月亮在金牛座、第六宮，所以我的日常工作必須在情緒上獲得滿足且非常實際。我的第一宮有土星與火星在射手座，這代表我在工作上通常是在誠信與遵守約定方面具有權威且意志堅定的人。

關鍵是找出我們的團隊成員需要什麼，並盡最大努力提供給他們，這是我們愛彼此的方式之一。當你知道什麼對他們很重要，要支持他們就不難，而沒有任何事比讓別人好好接收到你的支持更令人滿意了。

沒有人需要承擔知道如何支持另一個人的任務，除非對方告訴我們他需要什麼。移除需要去猜測或洞悉他人心思的壓力，就能清楚地溝通對我們與他人之間有效的支持會是什麼樣子，也能更有效地互相支持與照顧。當對支持有不同需求的人期待他人知道他們需要什麼，但沒有得到滿足，於是變得滿腹牢騷、生氣或陷入受害者模式時，誠實明確地討論我們的支持語言，有助於避免因之而起的衝突與困難。

你的支持語言：練習

與你的親密隊友一起坐下來，檢視每一種元素中的支持需求。花時間彼此分享你們最喜歡得到的支持方式，盡可能陳述你的需求，也盡可能弄清楚你隊友的需求。承諾要用你們最大的努

力去滿足彼此，並且在你或對方未達到要求時，抱持開放的心給予與接受提醒。

掌握你的投射

心理學上，投射通常被定義為否認自己內在的負面特質、同時又經常在他人身上看見它們——而且在某些狀況下，還會妖魔化擁有那些特質的人。憤怒地指責他人的渴望、選擇或行為的人，幾乎內心都懷有那些渴望，或做出那些選擇、從事相同行為的傾向。這是第七場域的一個課題，也是一個機會，因為也有個東西叫做「正面投射」，我們會把自己擁有的與想要喚醒的正向特質投射在他人身上。掌握第七領域代表仔細思考我們自身的正面投射並收回它們，作為我們期望在自己內在培養的特質。

仔細思考你在他人身上找到的特質。什麼樣的個性會像飛蛾撲火般的吸引你？是火元素特質，像是大膽、有魅力，或在任何日子都能完成大量任務嗎？是有計畫、腳踏實地或資源充足等的土元素特質嗎？是風元素特質，例如抽象理解力或對未來可能性所抱持的遠見嗎？或者是水元素特質，如通靈能力、深刻同理或理解情感深度的能力？

那些你期望表達與體現，以及你很容易投射在他人身上的特質，很可能反映出位在你第七宮宮頭的星座，星盤上的這個位置也名為落陷（位於廟旺或上升星座的對面，星盤的另一邊）。想要發展為真正成熟的關係，意味著要自己去擁有、而非指望他人為你帶

來那些特質。

舉例來說，如果你第七宮的宮頭有摩羯座，你可能常常敬佩那些散發摩羯座勤勉、成就、地位與權威特質的人。你人生中可能長久以來都把它們視為自己不可能擁有的優點。你甚至可能會與太陽摩羯的人結婚，希望某種程度上，與那個人在一起會讓那些優點經由潛移默化降臨到你身上。

我認識一名第七宮由摩羯座掌管的女子就是這樣，她與摩羯座男友在大學相識，後來步入婚姻。大學時期他已經是許多組織的負責人，而且主修商業。時間快轉二十五年，他們有了三個可愛的孩子，但她還是一直抱怨先生有多冷淡疏遠、他對自己的情緒有多不了解，以及她對自己從未進入職場的感覺有多差。她很害怕面對空巢期。如今，她開始面對自己在心理上是如何以「養家」這個名義把許多重擔都交給伴侶負擔，也要處理她是如何忽略了自己其實有能力不跟社會脫節，並且做出貢獻。

另一位朋友是太陽摩羯座，水瓶座掌管她的第七宮。她很容易把兩種人理想化：對她的特立獨行不以為意的人，以及天生就具有遠見的人。她自認大致上是個實際且工作勤奮的人，不願製造事端或令人失望；她非常關注別人對她的印象，害怕展現任何奇怪的特質或投入精力在自己獨特的世界觀上。同時，她又對於看似能愉快展現自我、大膽說出各種可能性的古怪個人主義者著迷不已。到了中年時期，她發現自己確實具有想像與夢想的能力，也發現在摩羯座特質的限制之外，自己內在深處有著渴望展現出來的古靈精怪特質。於是，她開始實驗另類的生活型態、特殊的穿著、前衛的髮

型，以及自行規劃的一些遠大計畫。雖然那些繁花綻放般的結果令她興奮不已，但她也對自己過去以為這些特質只屬於別人，而浪費這麼多年的時間埋沒才華感到悲傷。

要點是：每當我們無意識地把自己的部分角色讓給別人去演出，最終都會付出感到未能充分表達自我的代價。當我們否認任何自己與生俱來的表達可能性，而把它們讓給別人，也很容易表現出那些可能性的陰暗面。

✳ 啟示 ✳

若知道你的落陷星座，你就能得到關於這些陰影面會如何呈現出該星座笨拙表達的資訊：

位於第七宮的星座	笨拙表達
牡羊座	你會在他人身上尋找大膽、有進取心的自信；然後你會開始覺得他們跋扈、不成熟與魯莽。
金牛座	你會在他人身上尋找堅強、穩定與可靠；然後你會在他們似乎變得古板、頑固與貪婪時感到惱火。
雙子座	你會尋找有高度口語表達力、好奇心與多才多藝的思想家；然後當他們丟三落四、缺乏深度時，你就會開始批判他們。

巨蟹座	你會尋找高度敏感、把家庭擺在第一位的媽媽型的人；然後你會開始鄙視他們的過度干涉與家庭依附症。
獅子座	你會尋找非常有趣、具表演性格、活潑好玩的人；然後你會批評他們有多麼以自我為中心與孩子氣。
處女座	你會尋找有完美主義與服務導向的人；然後你會抱怨他們有多容易緊張與喜歡扛責任。
天秤座	你會尋找公正、優雅與反應敏銳的人；然後當他們開始優柔寡斷與愛慕虛榮時，你就會變得不耐煩。
天蠍座	你會被情感強烈、有魄力、有深度的人吸引；然後你會怨恨他們的喜怒無常與渴望權力。
射手座	你會被總是勇敢說出自己意見與喜歡探索新視野的人所吸引；然後你會開始覺得他們自以為無所不知，不會真正聆聽你的意見。
摩羯座	你會尋找有成就與身分地位高的人；然後你會感覺情感上受到遺棄，以及對他來說你並不重要。
水瓶座	你會尋找心胸開闊與社群導向的人；然後你會抱怨他們愛這個世界比愛你還多。
雙魚座	你會尋找夢想家、藝術家，或充滿感受的謬斯；然後你會感覺好像要一直把他背在肩上，成了一種負擔。

擁有你的投射：練習

請查看前面「啟示」表格中的投射。無論你第七宮的宮頭是什麼星座，請選出兩個星座，代表你經常投射在他人身上的特質。仔細看看那兩組你經常要求他人具備的特點。寫下你賦予這些特質的人名，然後花時間對這份投射所付出的代價進行書寫、談話或創作藝術品。

比方說，我會選擇巨蟹座與獅子座，因為我經常把我與家人連結的特性，以及我的自我中心、表演性格的一面投射到他人身上。我會批評別人過度干涉家人，但有時我家人會感覺受到忽略與不被愛，因為我似乎更容易跟朋友建立連結。我經常在被期待要走到鎂光燈下的機會面前退縮，這可能代表不肯承擔為了可能實現個人抱負的約定而讓自己曝光的風險。

一旦認出你投射在他人身上的特質，請留意它們是屬於哪些元素。開始思考你能如何有意識地把這些元素與特性多加整合到你的一對一關係中。比方說，巨蟹座是水象星座，若我習慣把巨蟹座的特質投射到他人身上，有助於提醒我去表達更多我對家人的愛與承諾的深刻情感。獅子座是火象星座，注意到自己在想「發光發熱的機會不是給我的，是給別人的」，我可以提醒自己有多麼喜歡公開分享我的才華，我可以選擇勇往直前。

繼續往前……

第七宮的功課是去了解你需要什麼樣的支持，而且要對它很清楚。第七宮也是關於辨識出你最羨慕他人身上擁有的特質，把它們當成你自己內在未開發的潛在資產。在這兩個領域做好你的功課，會讓你更有能量在一對一關係中獲得最大的滿意。

維持健康、充滿活力與支持性的關係，意味著對我們關係中的所有四個元素的表達保持清醒：

火：充滿活力、有魅力、有信心、有勇氣

土：踏實、務實、勤勉、樂於助人

風：活潑、聰明、好奇、有遠見

水：關心他人、善良、滋養情感與夢想

每當我們允許自己尋求支持，也願意以他人想要的方式給予支持，就是在幫助消滅世界上的寂寞與孤立。每當我們選擇去看見與培養一項自以為只有他人能帶來的特質，就是在讓自己變得完整的同時，也讓世界變得更完整。

第八場域
親密關係與性

請注意！我們進入第八場域的體驗了……而這裡超級火熱。

占星學上的第八宮對應的是性、死亡與共享資源。這些領域有種共同的張力：渴望有活力、連結與深受吸引。這一宮是由轉變的行星——冥王星掌管。透過性、死亡，以及融合我們與他人的資源，我們會被轉變。基於本書的目的，在第八場域內，我們會把焦點放在性。

對人類來說，沒有什麼事比性慾更有力且特殊了。在動物性的身體中，我們可以體驗到跟他人與跟自己如此極致的歡愉，是非常驚人的。但最驚人的是，與動物不同，我們可以同時體驗並意識到這些感覺——我們可以同時是狂喜的參與者與狂熱的目擊者。

過去掌管第八宮的是火星。有人說一九三〇年發現的冥王星，是火星的「老爸」。冥王星是掌管地底世界與整個人間生死大戲的重要人物。冥王星主宰改變、死亡、重生（想想看性高潮），以及原始力量與情緒迷人的強度。火星反映的是啟動性關係所需的本能天性與原始攻擊性。

天蠍座是與第八宮相關的星座。這一宮的核心是看透生命最深層的奧祕，以體驗永生。第八宮的行星能讓你深刻理解你會經歷多次死亡與重生的生命領域，它們也會指出你將需要克服有的羞恥心的地方，因為我們的文化曾將許多難以處理的情緒放逐到壓抑區去。

舉例來說，你的月亮若在第八宮，你很可能會偶爾經歷強烈的情感失落，並體驗到恨、羨慕、嫉妒的深刻感受。你會傾向隱藏那些深刻黑暗的感覺，並想要象徵性地羞愧而死。月亮在第八宮的人的終極健康對策，就是勇敢去找一個安全的人一起合作——一個熟練的引導者，能陪伴你走過可怕的情緒發作，進入一種情緒強壯無敵的新鮮感受。

性取向——我們的偏好、傾向與經驗，我們做過的事、永遠不會去做的事，我們對以上二者的感覺，會讓我們性致勃勃與性趣缺缺的事，我們對自己是個有性慾的人一事多私密，我們如何被他

人的性魅力吸引和以性魅力吸引他人，以及我們思考、談論與反省以上這些事情的方式。這些都是我們的自我中特別重要的一部分，會與我們真實自我的許多其他部分產生共鳴。誠實地審視我們的性自我，是朝向活出充分實現與非凡的人生寶貴的一步。

評量：做愛做的事

當你盤點這些項目時，請盡可能誠實。不帶批判地允許自己了解自己的偏好。在所有你偏愛的項目上打勾或畫圈。

🔥 火

☐我喜歡先開始。

☐我喜歡主導。

☐我喜歡隨興所至。

☐我喜歡使用玩具。

☐我喜歡扮裝。

☐我喜歡強烈的性愛。

☐我喜歡快閃做愛。

☐我喜歡大膽冒險的性愛。

🌱 土

☐我喜歡慢慢來。

☐我喜歡磨蹭。

□我喜歡全身上下都被碰觸。

□我喜歡華麗的做愛環境。

□我喜歡事先計畫。

□我喜歡在某些時間用某些方式做愛。

□我喜歡做愛前後有很多親密的擁抱。

風

□我喜歡討論做愛。

□我喜歡性愛語言。

□我聽到伴侶的想法就會感到興奮。

□我喜歡稍微有點變態。

□我喜歡打破規則。

□我喜歡確定你有達到高潮。

□我喜歡色情作品。

水

□我喜歡感覺你跟我在一起。

□我喜歡對你表達我的感覺。

□我喜歡感到深刻的連結。

□我喜歡深深凝望著你。

□我喜歡感覺融合。

□我喜歡在做愛過程中或之後哭泣。

□我喜歡感覺在情感上非常安全。

撫摸我自己

🔥 火

□我喜歡快速到達高潮，且冒著被發現的風險。

🌱 土

□我喜歡在全身抹上精油，花時間慢慢來。

🌬 風

□我喜歡在做之前想很多相關的事，跟自己說一些性感的事。

💧 水

□我喜歡在撫摸自己時感到極為安全與受到保護。

談論與想到「性」

🔥 火

□告訴我一些火辣的事……有時可能是危險或下流的。

🌱 土

□透過刺激我的嗅覺、觸覺、味覺與視覺來勾引我。

風

☐告訴我一些火辣的故事，用聰明的話語來勾引我。

水

☐告訴我你對我的感覺，以及我們是多麼親密。

性幻想

火

☐我喜歡想像強而有力的情節。
☐我喜歡想像危險的情節。
☐我喜歡想像勝利的情節。
☐我喜歡想像極有創意的情節。
☐我喜歡想像崇拜的情節。

土

☐我喜歡想像撩人的性愛。
☐我喜歡想像漫長而華麗的誘惑。
☐我喜歡想像被欣賞。
☐我喜歡想像熱情的感官享受。
☐我喜歡想像一段緩慢而穩定增強的性愛。

🌀 風

☐ 我喜歡想像結合的蒙太奇畫面。

☐ 我喜歡想像同等的歡愉。

☐ 我喜歡想像理想的胴體。

☐ 我喜歡想像叛逆的情節。

☐ 我喜歡想像性感的對話與說出來的話語。

💧 水

☐ 我喜歡想像精神上的性愛。

☐ 我喜歡想像理想的親密與分享。

☐ 我喜歡想像完全地展現脆弱。

☐ 我喜歡想像高潮是一次短暫的死亡。

☐ 我喜歡想像透過性愛而轉化。

☐ 我喜歡想像透過性愛來解決嫉妒。

你正開始建立自己的性渴望與性需求的全景。正如我們所知，性行為並不是完全脫離現實的。我們對關係中各種親密層次的需要，決定了我們在臥房中的表現方式，以及希望另一半在我們面前的表現方式。若我們的親密需求沒有被理解與滿足，可能就很難在這個領域中充分表達自己。

評量：我的親密需求

在下列與你想法相符的陳述上畫圈或打勾。若你正處於一段性關係中，也請另一半做這份評量。這會開啟一段很有啟發性的自我反省或是對話，也有可能為你的性生活中增添激情。

🔥 火

□ 我需要你支持我的獨立與自信。

□ 我需要你鼓勵我保持運動與身體強壯。

□ 我需要你加入我的勇敢冒險。

□ 我需要你支持我表達我的溫柔與脆弱的情感。

□ 我需要你不用反應或懲罰式的行為來承受我的憤怒。

□ 我需要你設下清楚的界線，讓我能用你可接受的方式表達憤怒。

□ 我需要你保持做愛的新鮮感與熱度。

□ 我需要你把自己的身體照顧得毫無瑕疵以吸引我。

□ 我需要你接受我突然的隨興與冒險。

□ 我需要你經常提醒我，我有多能引起你的慾望。

□ 我需要你欣賞與煽動我的狂野之火。

□ 我需要你重視我的自主權。

□ 我需要你在跟我談事情之前，給我很大的空間冷靜下來。

□ 我需要你重視我的勇敢之舉與勇氣。

□ 我需要你用同等的能量來滿足我對熱情與愛的需求。

☐我需要你看見在我堅強獨立的外表之下，也有依賴你的需求。

☐別試圖限制我。

☐別在我很需要關懷或溫柔的時候批評我。

☐別讓我專注於自己的需求而忽略他人的需求。

☐別讓我用不健康的方式表達憤怒。

☐別告訴我要微笑。

☐別告訴我要對人好一點。

☐別要求我坐著不動。

☐別跟我說我太過分了。

☐別用我的渴望來羞辱我。

☐別試圖讓我低調一點。

✿ 土

☐我需要你用行動，而非只是你說的話，來展現你對我的愛。

☐我需要你穩定且始終如一。

☐我需要你以我想要的方式擁抱我。

☐我需要你安撫我，我的感覺沒問題（也許不只一次）。

☐我需要你鼓勵我走出舒適圈。

☐我需要你支持我創造美麗事物與和諧。

☐我需要你對我處理情緒的步調有耐心。

☐我需要你欣賞我展現愛意的行為。

☐我需要你重視我慢慢來與滿足感官的需求。

☐我需要你用取悅感官的方式來引誘我。

□我需要你確保自己聞起來很香。

□我需要你幫忙讓我們的環境柔軟舒適。

□我需要你送我詩、花、足部按摩，以及動物性的慾望。

□我需要你鼓勵我用享樂與愉悅的方式移動我的身體。

□我需要你可靠、穩定與值得信賴。

□我需要你稱讚我，我對他人的付出有多麼慷慨大方。

□我需要你盡可能提醒我，我有多美麗。

□我需要你花很多時間陪我待在大自然中。

□我需要更多時間時，別催我去做事。

□別因為我想要身體上的關愛而說我太過分。

□別取笑我用來讓自己踏實落地的慣例或儀式。

□別讓我太沉迷物質事物，把它們當作價值或愛的表達方式。

□別讓我因害怕新事物而感到羞愧。

□別問都沒問就拿走我的東西。

□別讓我孤立與不跟人接觸太久。當我那樣做時，請過來擁抱我。

□別讓我無所事事太久、看太多電視，或無意識地吃東西。

🜁 風

□我需要時間做白日夢與反省。

□我需要去學習與討論很多事。

□我需要肯定的話語和心理上的刺激。

□我需要你跟我好好談，讓我可以更了解你。

□我需要被聽見。

□我需要幽默、聰明與機智。

□我需要你固定找時間問我問題並用心聽我說。

□我需要你鼓勵我表達我的觀點。

□我需要你直接與我討論對我們兩人都真正重要的事情。

□如果你看到我長時間注意力分散、心煩意亂，我需要你邀請我進入冷靜與專注的狀態。

□我需要你願意與我一起學習令人興奮的新事物。

□我需要你以開放的心回應我的好奇心。

□我需要你對我提出要求時簡短扼要。

□我需要你對我說甜言蜜語……而且是認真的。

□我需要你用很棒的玩笑與幽默來勾引我。

□我需要你學習會讓我性致高昂的話語。

□我需要你用各種不同方式來讓我感到興奮刺激。

□別在我說話時大聲壓過我與打斷我。

□別跟我說我說的話很荒謬或愚蠢。

□別一次用太多資訊淹沒我。

□別專注於3C產品而不理我。

□別讓我忘記我也有身體──不只有忙碌的大腦。

□別忘記要常常跟我一起大笑。

□永遠不要因為我哭而嘲笑我。

💧 水

☐ 我需要你了解我有多麼敏感與溫柔。

☐ 我需要你在我悲傷的時候在身邊支持我。

☐ 我需要你與我一同享用美食。

☐ 我需要你肯定我的情感預知力有多強。

☐ 我需要你鼓勵我遵守我的承諾與說到做到。

☐ 我需要你重視家庭意識對我來說有多重要。

☐ 我需要你幫助我透過承認過去的傷痛來放下它們。

☐ 我需要你讚美我的心思脆弱與透明。

☐ 我需要你在我情緒化的時候跟我一起慢慢地深呼吸。

☐ 我需要你在我感到情緒不堪負荷時，充滿愛地鼓勵我休息一下。

☐ 我需要你在我堅守責任與承諾時認可我。

☐ 我需要你在我清楚陳述我的需要時，不帶防衛心地聆聽。

☐ 我需要你騰出空間，花時間真正與我連結，不要有其他人在場。

☐ 我需要你讚賞我的忠實與正直。

☐ 我需要你用成熟穩重的表現來引誘我。

☐ 我需要你親吻我的眼淚並緊擁我。

☐ 我需要你在做愛後緊緊依偎在我身邊。

☐ 我需要你設定時間限制，來跟我討論一件事情（因為有時我可能不知道何時該停止）。

☐ 別讓我因為自己的需要關心或心軟而感到羞愧。

□別利用我的忠實與信任。

□別催促我進行敏感的對話。

□別允許我讓情緒支配我的一整天。

□別只為了讓我不再生氣而對我讓步。

□別在我表達合理的憤怒時報復我。

仔細看過所有你圈起來或打勾的需求與渴望。在你開始利用這份知識增長第八領域的智慧與滿足度時，請思考這些個案的故事。請留意，真實、長久的性化學反應有多需要戀人們找到方式，把性行為的所有元素納入他們的故事中。

唐在性方面完全是火元素。對他來說，他每周和蘿倫做愛的次數，一直是他衡量婚姻成功的重要基準。蘿倫難以應付唐激情期待與熱烈要求，因為她在性方面主要是土元素。他們跟我進行諮詢時，唐決定做更多撫摸與用心聆聽，不是把這些當作達成目的的手段，而是更加重視他與蘿倫共處時光的方式；蘿倫則以在做愛時表現得更激情與興奮來回應他。

希維亞的第八宮有月亮與金星在天秤座。她對自己的性需求有很大的羞恥感，回應性行為也很不自在。她在與我合作時的最大突破，出現在她開始練習在簡短、受到保護的對話中，與她的伴侶大聲探討自己的需求。慢慢地，她開始扮演較主動的角色，藉以擴大她享受愉悅的能力：她在自己內心建立了火元素的自信。

莉安卓的第八宮有火星在處女座（土象星座），她在床上的表現一成不變，非常依賴慣例與安全感。她依靠有效的老方法來達

到高潮，卻發現自己越來越抗拒做愛。她的土元素變得太沉重，又被重複性壓得喘不過氣。她與伴侶一致認為他們需要嘗試新事物，於是開始在床上看色情片與情色書刊。這使他們嘗試新的動作，並重新開啟了性生活。

蕭恩無法擺脫他的頭腦（風元素）對色情影片的沉迷，無法與他的真實伴侶連結。每次要開始做愛時，他的大腦就會被色情片的視覺影像綁架。蕭恩提起勇氣面對這個模式，並主動決定要戒看色情片一年。一開始，他對於失去這份安撫性的習慣感到非常沮喪，但後來他與伴侶同意每周做一次緩慢性感的按摩，這幫助他們慢慢重新進入性連結的力量與狀態。雖然蕭恩花了大約三個月才完全戒除色情片上癮症，但他確實重獲真實生活中的性趣，更與伴侶重新建立了深刻的情感連結。對於不再被強迫性與扭曲的影像所壓倒，以及能夠回到真實生活中的親密感，他表示這是極大的解脫。

當我們審視讓自己性致高昂與投入自己的性本質的方式，我們的性表達就會更充分。當你明白每個元素對擁有狂喜的性生活都有巨大貢獻，就能更刻意地以與你有共鳴的方式運用它們。把所有元素整合到我們的性生活中，可將性連結提升到它有可能成為的藝術形式。

最重要的是，要明白只要願意學習並回應彼此的性需求與元素偏好，任何兩個人都可以在性方面合得來。在我大量的占星諮詢經驗中，就做愛而言，完全沒有任何證據顯示某些星座組合比其他星座組合更合適。一切都取決於讓性愛火花保持燃燒的意願、開放程度與由衷的好奇。

你的性生活中的元素：練習

決定你想把以下何者更充分地帶到床上：

火：快速且火熱

土：性感與穩定

風：有趣與新奇

水：沉浸在感受與深刻的連結中

關於想要帶入性生活的那個元素，你可以針對自己能做的一、兩件事進行書寫、討論或藝術創作，無論是在跟自己或他人做愛上。比如說，讓你的想像力狂野奔馳；上網做些研究；若你有個朋友天生在性方面就很解放且愛冒險，就跟他聊聊——總之，請找個方法去實踐。然後對你探索的結果進行書寫、討論或創作藝術品，一定要讚頌自己願意冒險嘗試新事物，以及投入時間、思考與能量在你的性理解與性滿足上。

微妙的性領域

最近，我每次在電影中看見男人一把抱起女人，在沒有任何前戲的情況下就靠著牆或撲上床的性愛場景時，心裡總是納悶：看到這種表演手法，有多少人覺得自己格格不入呢？

背部不好的人怎麼辦？那些不會常常被點燃性慾的人呢？因為身材差距而無法舉起另一人的伴侶組合怎麼辦？那些有過性創傷、需要用更溫和的方式去對待的人？還是那些疲累又敏感、但仍

想要感覺性的熱度與親密感的人？

我非常幸運曾在人生中有過與男性和女性交往的經驗，與這兩種性別的伴侶也都體驗過非凡的愉悅。我學到的是，運動員般的插入式性愛美妙又刺激，但並非總是人們偏愛或渴望的動作。

經歷過懷孕、撫養孩子、荷爾蒙起伏與令人衰弱的疾病的人，有時可能因為無法保持這種特技般的性愛技能而感到難過。那些一般不想從事高難度性愛的人，肯定也能用多樣性、持久性與容納各種情緒的空間，來擁有滿足的性生活。關鍵就是培養我所謂的微妙的性領域。

微妙的性領域是個所有信號、暗示與表達，都是為了服務性愛與性連結的地方。它是由刻意的調情與學習點燃伴侶性慾的微妙方式所創造出來的。

當微妙的性領域存在且雙方都被吸引，即使一切都不以達到高潮為目標，這對戀人仍會感覺被看見、被欣賞與被渴望。

以下是一些極其重要且持續存在的微妙性領域的常見成分，依照元素來分類：

 火

以慶祝的方式擺出最愛的食物

對方喜愛、能喚起美好回憶的衣服

性感內衣

一起挑選情趣用品

一起來一場可能涉及裸體的頑皮冒險

情趣角色扮演與爆笑

土

撫摸頭髮，有時撥弄或梳頭髮

按摩頭、肩膀與腳

帶有調情意味的舞蹈

主動且頻繁的實質肯定

輕撫與愛撫，完全臨在、沒有待辦事項

用理想的燈光與音樂，把床打造成如絲的愛巢

牽著我的手且態度認真

風

說只有兩人懂的、關於過去難忘性愛時光的笑話

沒有令人分心的事物、手機或其他人的浪漫約會

聊些兩人都感覺良好的性幻想

對彼此大聲朗讀色情文學作品

傳具有性暗示的簡訊

傳送、儲存與重播語音訊息

手寫愛的小語和情詩

藏起來的便利貼，上面寫著私密的色情訊息

水

持續的眼神接觸

深刻、關注的聆聽

感謝分享脆弱感受

在柔和燈光下做身體彩繪

有些活動是不同元素的結合：情趣蠟燭與薰香是火與土元素；喚起性感回憶的香氣是風與土元素；美麗的餐點或雞尾酒是土與水元素；看一場具性挑逗意味、能激發雙方性慾的表演，是火與風元素；而問對方他最渴望或需要的是怎樣的觸摸，則是風與水元素。

這當然並非一份詳盡的清單，裡面提到的某些事可能對某些人有用、對某些人沒用。然而，若你能想像這些事經常發生，你將開始看見微妙的性領域如何強而有力地令日常生活更豐富。

對生活忙碌的大多數人來說，性行為本身或許是短暫的。生活在微妙的性領域與協助去創造它是一場長期的冒險⋯⋯也是剛開始約會時值得練習的好習慣。那能增加性安全感與信心，並強化一種誘惑與渴望的氛圍。伴侶會更擅長於了解如何尊敬對方的性想像，以及如何能在整體上優先考量性行為。這樣也能為那些體能好、樂於進行高難度性愛的人提供更多表現機會（如果有人渴望他們這麼做的時候）。

為什麼有些人在彼此都能感到歡愉與提昇時會逃避做這些事？大多數人希望性愛是瞬間且自動發生的，就像與新伴侶在一起

的前幾個月中所經歷的那樣。他們想要感受到那種無法控制的衝動，願意去做任何事來與眼前美味可口的伴侶約會。

一旦那種新奇的化學混合物逐漸消失，大約是在一起後六個月到兩年之間，要激起慾望就需要更多投入。在最初的烈火之後，一般人通常希望伴侶來引誘自己，而非自己主動出擊並因此感到尷尬與脆弱。我們想著「他們應該主動啊」，然而我們的伴侶也是這麼想的。

克服了對那有著閃電般性慾的初始階段的懷念與依戀，便能為強烈好奇心與承諾創造出一個空間，這是建立扎實的微妙的性領域所需要的。兩人都需要渴望性生活能成熟到具有細微差異、魅力與誘惑力的多重層面。我們必須承認，男性魅力或激情不需以經歷爆炸性高潮的頻率來衡量。

想要成為那種性愛不只侷限於臥房的愛侶，我們需要擁有會隨著時間流逝變得更深刻而熱情的性愛慣例與語言。當伴侶經歷荷爾蒙變化、疾病、失去、孩子的需求，以及我們大多數人會面對的其他看似不性感的生活面向時，這一點就變得特別重要。自始至終，我們都要守護這微妙的性領域，以確保那份親密感不會因這些不可避免的挑戰而受挫。

所以，下一次在螢幕上看到壯漢把美女扛上肩時，我們就能欣賞那種大力士型的性舉動，並感激這種形象並非充分表達的性生活的標竿。

　　以下是一些能增強微妙性領域的占星學小訣竅。無論它們是你或你伴侶的太陽、月亮，或你們第八宮宮頭的星座，這些訣竅都適用。你也可以看看你或你伴侶的金星在哪個星座。

牡羊座：幫對方或讓對方幫你做頭部按摩，同時說些甜蜜浪漫的讚美。

金牛座：在你的聲音與床單選擇上加入絲緞的柔滑感。

雙子座：嘗試各種各樣的扮裝與內衣，娛樂彼此。

巨蟹座：學習在某人分享內心最深處的真實想法時支持他的強大技巧。

獅子座：做新的角色扮演，願意的話可以交換性別。

處女座：用熱烈的仰慕之情輕撫與愛撫手臂與雙腿。

天秤座：在家裡或大自然中設置一個美麗的場景，騰出時間聽聽你的愛人最喜歡的浪漫場景。

天蠍座：讓私下約會成為一種習慣，並告訴對方自己的祕密渴望。

射手座：進行大自然冒險活動，告訴彼此最欣賞與最愛對方精神與身體上的哪一點。

摩羯座：用燭光與香氛皂，一起進行一個泡澡或沖澡儀式。

水瓶座：用愛的小紙條與預料之外的鮮花給你的伴侶驚喜。

雙魚座：一邊聽一首會激發你們兩人性趣的歌曲，一邊緩慢親密地共舞。

＊

***

如果你忙得沒空做愛，那你就太忙了。

——知名婚姻治療師埃絲特·沛瑞爾（Esther Perel）

（她的太陽在獅子座，充滿熱情）

***

繼續往前……

　　性行為不只與性有關。若我們允許的話，這股在性本能之下的能量可以滲透到我們整個存在與所有行為中，那是愛神的能量：生命力、發展與成長。當我們與我們的性慾自我保持聯繫，生命中的一切就會變得更生動、深刻、喜悅與充滿創意。

　　要把這股強大的能量與活力帶入我們生活的其他方面可能很困難。我們如此忙碌，生活中很多事情看來一點都不性感。我們很容易覺得彷彿自己這個深刻且有活力的部分——與轉化、死亡與重生相關的部分——無法與生命的其他面向融合。我們保留這個行為本身，再把它與我們生活的其他部分區隔開來。

　　改變這個習慣需要意圖與練習，需要承諾去探究性感與微妙性領域，當成日常生活的一部分。那需要願意冒險擁有我們的需要與渴望，並跟我們的重要他人分享，也要願意帶著好奇心與冒險精神，去考慮我們伴侶的需要與渴望。

***

性感是指有關感官愉悅的一切。

那就是藝人做的事，以任何可能的方式刺激感官。

——哥倫比亞歌手夏奇拉（Shakira）

（火星與水星在摩羯座，對宮則是月亮在巨蟹座）

***

第九場域

假想

使我們分裂的並非我們的差異，

而是我們無法識別、接受與讚頌那些差異。

——美國女性主義作家奧德麗·洛德（Audre Lorde）

（掌管第九宮的木星在天秤座、她的第一宮）

最近我對於組成本章章名的「假想」二字有個頓悟。我對這個詞的聯想，一般都與兒時關心的事物有關，像是童話故事、皮克斯的電影、神話怪物，或是孩子們在玩的時候編造出來的幻想世界。但當我把這兩個字擺在一起，深入思考它們的意義時，才明白「假想」是每個人、在所有年齡都會做的事。

我們所有的信念歸根究柢就是假想——儘管我們會感覺它們像是不可辯駁的真理。它們可能是由我們的家人、祖先或文化傳承下來的，也可能是從我們的生命經驗直接形成；無論哪種方式，它

們都在內心變得如此根深蒂固，感覺就像是事實。我們非常善於找到證據來證明自己的信念在某種絕對意義上是真實的，而大多數人在信念受到證實時，都會得到很大的安慰。然而，我在本章中要主張的是，信念是某種創造出來的東西，不是我們無法選擇的現實。抱持這樣的想法，能讓我們獲得浩瀚的智慧、和平與貢獻的潛能。

第九宮的焦點是在我們的信念體系，以及從生活、教育與旅行中得到的較高層次的學習。位於這一宮宮頭的星座，以及在其中的任何行星，都顯示我們會如何處理我們的信念與創造意義的經驗。

創造意義是人類獨有的特質，我們終身都在創造意義。較高層次的學習與長途旅行冒險是深入探究與創造意義地圖的重要空間。本章會把焦點放在我們如何在內在與外在世界旅行，以創造生命中的意義。我們也會探討個人內在的創造意義方式，也就是在我們自動產生的、由情感驅動的預設信念體系的層面上。依據這些體系所設計的心理程式可以升級，我們也會探索這個過程。

能量會跟隨思想，因此我們相信什麼，就會感知到什麼。所有人類都具有一種稱為「確認偏誤」（confirmation bias）的心理模式：我們會不斷尋找證據來強化自己相信的事。在這個明顯的人類習慣之外的，是經由量子物理學中廣為人知的事實——現實基於感知。對我們的信念具體又絕對客觀的證據極少存在。

要在我們的創造意義上真正進化，可以培養對其他信念體系的起源與架構的好奇心。那些信念從何而來？涉及什麼習俗與儀式？是什麼原因讓它們引人注目？它們有多麼美麗且真實？

想一想，如果我們並非只相信自己的信念體系比較優越（而這通常代表會為那個信念體系而戰，以及評斷或譴責其他信念體系），也能以所有信念體系都是有根據的理解來處理相關對話，人與人之間連結與並存的方式會變得多麼不同。如果我們練習去尋找所有信念體系都是人在處理神祕與未知事物的方法的證據，就能停止爭論哪個版本的神是否比另一個好，或者只有某位哲學家的觀點是對的。這樣一來，每一場關於信念的對話就能變成一場朝向更多理解與連結，以及一次增長自身見識的旅程。

就從我們開始吧。請記得這一點，一起來探索第九場域。

內在與外在的旅行

具冒險性的長途旅行如何引發絕妙的靈感湧現時刻與加速個人成長，是不難理解的事。到異國旅行總是會包含具挑戰性的時刻、令人緊張的狀況與不適。儘管必須忍受所有的不便與頻繁的學習過程，人類始終渴望走出他們的本地領域之外。沒有什麼事可與離開你的文化舒適圈，被推入充滿新景象、聲音、感覺、香氣與味道的狂喜時刻相比擬。

旅行中的元素可能令人振奮或令人卻步，這取決於感知者與情境。對我一個第九宮有三顆行星在牡羊座的朋友來說，搭一趟遭遇巨大亂流的班機很好玩；但對我朋友賈克琳（太陽金牛、火星與金星處女）來說，這樣的空中航程卻意味著一次恐慌症發作。

根據財務或其他條件，並非每個人都有機會從事長途旅行。

還好，第九宮也與內在旅行有關。想像力是張免費的全球通行證，而我們所有人——無論在真實生活中是否有去旅行，都負擔得起花更多時間參與主動的想像，而非那種已變得如此普遍的被動觀看。

首先，讓我們透過物質層面開始進行旅程，並根據四大元素來思考偏好與成長機會。考慮元素中每個星座可能在一趟旅行中茁壯成長的方式，可以促使我們每個人去嘗試新的航行選項。

評量：透過元素去旅行

看看下列清單中的旅行選擇，在你體驗過或最想去體驗的項目畫上底線，在似乎最不吸引你的選項上畫叉。若你是個占星新手，不用擔心與每一種旅行類型相關的星座，只要看最吸引你的選項就好。你的偏好有可能反映出你的太陽星座、月亮星座，或位於你第九宮宮頭的星座。

 火

超讚的行動與冒險（牡羊座）
從事各種大膽冒險的活動，例如高空彈跳或直升機滑雪[4]。
參加一個包含過火儀式的工作坊。

玩耍、娛樂、遊戲與孩子般的驚奇（獅子座）
花時間在魔幻主題公園裡玩或進行史詩童話之旅。
看世界七大奇觀。

造訪一座「信不信由你！」博物館。

進行一趟以音樂劇戲院或精采燈光秀為主題而設計的旅行。

去一個意義深遠的地方朝聖（射手座）

造訪金字塔或巨石陣，或是爬一座西藏的山。

從事任何需要與具體智慧有所連結的旅程。若把馬包含在內會更好（代表射手座的符號包含了半人半馬的怪物）。

 土

感官上的奢華與壯麗（金牛座）

住在一個五星級、頂級奢華且會受到寵愛的地方：只要最好、最能提供感官享受的環境。

讓自己的四周都是壯麗、令人敬畏的景觀，以及有機會在如畫的風景中散步。

服務的行動（處女座）

為弱勢族群蓋房子。

教人英文或其他自己會的語言。

花時間在僻靜中心撰寫一項計畫或一本書。

進行一項環保任務，去拯救一個瀕臨滅絕的物種。

---

4 helicopter skiing，用直升機將滑雪者載到適合滑雪的山頂，滑雪者從山頂出發，順著山脈的高低起伏，體驗閃躲樹木與在各種地形間高速行進的冒險活動。

遠大的目標（摩羯座）

進行一場背包旅行探險。

展開一場在極端天氣下的生存之旅。

進行一次取得某個新學習領域證書的旅程。

 風

學習與對話（雙子座）

參加聯合國會議。

參加以國外事業目標為重點的會議。

在以媒體或新聞學為焦點的旅行中追蹤重大報導或新興趨勢。

進行一場以外語為主的旅行，像是參加語言學校的密集課程。

美術、時尚、設計與風格（天秤座）

參觀藝廊與博物館。

做任何與精緻文化有關的事，或了解現代美學的最新進展。

公共活動、社群參與，以及叛逆的計畫（水瓶座）

參加火人祭（Burning Man）或其他社群營造的節慶。

造訪史詩性的世界級事件遺跡，例如柏林圍牆倒塌遺址。

在秘魯參加一場死藤水旅程。

做任何與為社群、自我與世界孕育新視野有關的事。

水

美食（巨蟹座）

參加烹飪課程。

到有提供美食菜單與侍酒師的餐廳用餐。

以最佳美食為焦點造訪不同城市。

參加一個拜訪外國人家庭、讓你在不同的環境中深入了解食物的行程。

強烈的情感宣洩與深奧的神祕事物（天蠍座）

參觀知名的墓園或鬼城。

參觀曾受到創傷的場所，例如德國的死亡集中營。

讓你的旅行中包含對人生黑暗面的探索。

水（雙魚座）

搭河輪或海洋郵輪旅行。

造訪一座雨林。

泡溫泉。

在壯麗的水域中游泳，或去滑水或衝浪。

信念體系中的元素與內在探索

信念、哲學與宗教的體系是我們理解人生的方式，它們是基於想法，屬於風元素的領域。儘管如此，信念的顯化與表達是遍及

各種元素能量的。書寫或說出來的話語與想法是風元素。儀式、食物與飲料、慣例或習俗是土元素。藝術、音樂與盛大慶典是火元素。由信念體系帶來的感受知覺與核心情感則是水元素。

　　人會因為不同的理由受到宗教信仰與哲學的吸引。我們可能被某個信仰傳統、信念或哲學的某個元素特質所吸引，對其他的則否。澤拉說她受不了天主教關於離婚或性行為的某些老舊觀念，但她在情感上又會因天主教禮拜中的歌聲與儀式而感動。蘿倫不喜歡猶太新年與贖罪日寺院活動的禮節，但她喜歡特別的節日食物與在餐桌旁閱讀經文。山姆雖然自稱佛教徒，但他無法忍受靜坐冥想，然而他確實很愛聽佛教播客，也能深刻感受到佛教藝術的永恆之美。薇拉是個很棒的占星學學生，但她卻不喜歡現在流行的許多線上占星應用程式。

　　冥想修練與內在探索是許多信仰傳統與信念體系的重要部分，這就是第九場域中內在旅程與外在旅程的交會處。即使我們在自己目前的信念體系中進行這類的旅程，我們仍能利用人類獨特的對創造意義的驅動力，去打開自己的感知，從而發現看待這個世界與處世的新方法。在現代的神經科學中，我們稱此為「強化你的神經可塑性」：以能在神經迴路之間建立新連結的方式，來挑戰你的心、大腦與身體。

　　下一個評量將引導你深思自己是如何透過經驗、信念與哲學去獲得意義，以及它們邀請你去進行的內在旅程。

評量：你的意義創造過程

你如何學習？如何理解你的人生、你的世界？當你閱讀這些透過星座來描述的意義創造過程（依元素來劃分），請注意哪些與你的經驗有所共鳴。

 火

牡羊座：身體的智慧

你最具意義與啟發性的經驗，是透過行動得到的。這些時刻可能包括戰勝你原本認知的身體極限：跑得比你想像中的還要快；把自己的身體彎曲到之前覺得不可能做到的瑜伽姿勢；或是你經歷了一次極其刺激的性冒險，在其中你的身體似乎超越了所有過往的限制。

獅子座：心

你最具意義的經驗是那些讓你的心感動到驚天動地的程度，永遠不會再有相同感受的經驗。一個孩子的誕生、一段戀情的開始、一次日落的壯麗，或一件藝術品的精緻完美，都會透過使你進入全然的心靈喜悅中而創造意義。宇宙無條件的愛淹沒你的心輪，你感覺充滿一種神聖之愛。

射手座：哲學教師或靈性學徒

可能有一本書改變了你的人生，給予你思想與行動的新架

構；可能有位老師進入你的人生，成為你旅程中的指標，或是一次神聖的學習旅程，引導你踏上一條感覺充滿意義且正確的人生道路。

 土

金牛座：感官喜悅

美是推動你前進的要素。絕美的藝術、令人驚嘆的材料或自然的成分，與其他在美學上令人愉悅的經驗（透過所有感官接收），是你用來走上意義階梯的扶手。

處女座：儀式與慣例

你是透過例如祈禱、使用念珠、定時冥想，與神聖的齋戒來建立意義。經由日常、基本的敬拜功課，你會理解到生命更深層的意義。

摩羯座：耗費心力、高挑戰性，能建立特色的課程

或許你投入時間精力去完成基本軍事訓練所需的艱苦工作；或許你對創造意義的追求是去拿到一個博士學位，或是去深入研究一個信仰傳統或宗教經典，直到達到教導他人所需的精通程度。以上的共同點是：透過服從於有著特定、嚴謹規則與條例的更高權威，來了解你在生命中的位置。這種創造意義的方式也可能涉及在警方、軍方或政府單位中的領導職位。

風

雙子座：想法與激勵人心的話語

你會經由名言、書籍與演說來探索歷史上最偉大人物的思想，藉以塑造出你的現實。別人的口才能鼓舞你，透過深入研究語言、文學與演講術來找到你的道路。

天秤座：關係

你會從人與人的相互關係中看見人生的意義，並透過一對一的夥伴關係與伴侶的共同努力來創造更多的意義。這是作為覺醒核心的「你和我」的道路。

水瓶座：突然的洞見、靈光一現，與非凡、不墨守成規的意識

你把事情都視為整體系統，所有部分都是靈活且相互關聯的。這個入口是為了獲得對生命藍圖的「元」視野，看見超越平凡意識的事物。對未來的展望推動著這股能量前進。

💧 水

巨蟹座：同理心、憐憫與情緒釋放

透過對關懷與分享的探索，你會發現我們是彼此相屬的。這是神聖女性的方式——與偉大女神的連結，在其中我們會感覺到一種對世界包容一切、溫柔的母愛。

天蠍座：深遠的轉變

深刻的失落、疾病或背叛之類的經驗，會讓你瞥見你最強大的脆弱面，以及人類經驗的永恆本質。藉著熬過難以忍受的損失，你會體驗到人類心靈的滲透性。在其中，你將浴火重生，看見有更深刻的意義在運作。

雙魚座：傳訊、通靈、音樂與任何從看不見的世界出現的事物

透過無形的事物，你會明白我們是由比自己更宏大的事物所組成的，而那是遠超過我們能力所及的。當你在某個時刻融入一體意識時，就會了解偉大而永恆的合一。

你的意義創造過程：練習

你如何在生活中創造意義？請根據你選擇的方式進行書寫、討論或創作藝術品。在你的反思中涵蓋你對自己的創造意義方式的元素藍圖。

================================ ✴ **啟示** ✴ ================================

第九宮與我們的信念體系和透過旅行、教育與具體化的智慧追尋人生意義有關。位於你的第九宮中的行星，或落在這一宮宮頭的星座，便顯示你會如何在人生中創造意義。

例如，若你的月亮在第九宮，你此生的旅程將聚焦在探究你的思想與感受。因為月亮代表你與母親的關係，其在第九宮的位置意味著你的母親對你信念體系的發展有所影響。那份影響可能是和諧的，因為你感覺母親傳遞給你的信念體系是良好合適的；那份影響也可能是困難的，因為你的信念體系是在反對或拒絕你母親的信念體系的情況下形成的。

若你的金星在第九宮，你的信念體系與意義創造過程很可能會圍繞著你深信的價值觀與對美的追求……或者，你的價值觀反映出你一心想著一些膚淺的關注，而那些關注並未真正滿足你或為你周遭的人服務，而你可以改進你的信念體系與哲學。若你的火星在第九宮，你對信念與意義可能已採取一種積極而投入的立場——甚至可能是一種不熟練的攻擊性立場。土星在第九宮則可能顯示你是體系的創建者，那些體系能提供圍繞著意義創造過程的紀律與架構……或者顯示你被困在一個對你無益的信念體系中。

* * *

評量：負面核心信念

我服務過上千名個案，結果發現每個人都有基本的負面核心信念，在他們腦中根深蒂固成為限制。這些信念潛伏在我們的意識覺知之下，也支配我們的行為與感知——特別是在壓力大的時候。

負面核心信念與每個元素不熟練的層面密切相關，它們是透過負面的產前、出生或童年經驗而發展出來的。

每一個人（包括我），對自己都有這類限制性信念。它們通常是建立在最早嘗試連結、愛、被愛與自由表達自我的基礎上，以及幾乎是人類必然遭遇的拒絕與失望上。你可以擁有一個基本上很美好的生活，但偶爾仍會陷入負面核心信念中。另一方面，有些人則會發現無論自己多努力，還是不斷落入自我破壞的黑洞中，那便是基於這些基本的功能失調信念之一。

在這個評量中，你將找出自己的前三個負面內部間諜。這是認出你正要陷入基於這些信念而生的負面模式或表達的跡象的第一步。

請查看下列以元素類別整理的負面信念與改善法清單。圈出你覺得最難對付的三個負面信念。若你無法立刻知道是哪些，可考慮你最認同哪個元素，思考它最有可能如何握有你的負面核心信念。

負面核心信念	相反的正面信念
火	
我很壞。	我現在這樣很好。
我很自私。	我可以好好照顧自己。
我是個混蛋。	我能管理憤怒的情緒。
我沒有力量。	我能得到幫助並做出改變。
我是個錯誤。	我在這裡有個使命。

土	
我不夠好。 我不夠格。 我身心受創。 我心灰意冷。 那是我的錯。 我是個冒牌貨。	我夠好。 我能邊做邊學。 我不等於我犯的錯。 我的過去不是我的未來。 我能修復我犯的錯。 我是有能力的。

風	
我很笨。 我很醜。 我瘋了。 我是個外星人。 我無法說出我內心的真相。	我懂很多而且能學習。 我是神造的。 我能信任我的感知，也能對它們進行事實查證。 我的獨特性是神聖秩序的一部分。 我能得到支持，說出我必須說的話。

水	
我不可愛。 我很軟弱。 我不安全。 我不屬於這裡。 我很無助。	我有很多令人喜愛之處。 我能建立我的核心強項。 我能找到確認我很安全的方法。 我完全有權力待在這裡。 我可以尋求協助。

若你難以分辨出自己內在的負面信念，可嘗試幾次以下的過程。請撥出一大段時間，並確保需要的話你會擁有情緒上的支持，因為清楚思考這個問題可能會帶來情緒上的打擊。

1. 回想人生中某次令你惱怒的事件——不是太令人不安的事，但足以對你的情緒造成負面影響。（例如：我已經長大成人的孩子說我的壞話。）

2. 留意那份記憶在你身體裡的感覺像什麼。留意這份攻擊有多強烈，並用一到十分來評分，一分代表沒有攻擊性，十分代表完全無法承受。

3. 辨識出伴隨著這份記憶的感受（悲傷、發狂、受傷、被拒絕、恐懼、沮喪……）。

4. 寫下伴隨這個事件而來的、你對自己的負面內在信念。允許它的到來，不是來自邏輯性的思想，而是來自直覺的一種原始反應。它應該是以簡單、稚氣的語言出現（例如：我很壞）。

5. 最後，請思考這一點：你比較喜歡相信自己是怎樣？遠離原始的負面看法，實際一點，改採用對這份信念較成熟的看法，例如：「我現在這樣很好，我是可愛的。」

負面核心信念：練習

無論你圈起來的負面核心信念是哪一個，都請查看表格中相對應的正面信念，或發展出你自己的正面信念。記得不要走到相反的極端，選擇一個對那份信念實際成熟的改善法。

開始留意你的負面核心信念容易在哪裡出現。用正面信念去抗衡它們，對自己說那些正面信念、寫下來、大聲說出來、跟別人說等。找出正面信念為真的證據——換句話說，就是把你的確認偏誤轉向正面的自我信念。尋找好事，你就會發現好事。留意負面信念會限制你的選擇，正面信念會打開你的可能性。

改變我們的信念體系需要練習，就像學騎腳踏車、跳騷莎舞，或精通新的瑜伽動作。負面核心信念是習慣性的，而打破習慣需要時間與意圖。你是要改變深深刻在腦中的神經模式。每一次你用正面的自我信念介入去安撫自己，就是在改變你的大腦，不久之後，那個新的信念就會成為你的原始設定。

改變核心信念

薩絲基雅在人生中遭受了許多虐待，因而形成很深的信念，認為自己不安全、是自己有問題。透過心理治療、支持團體與友誼，她逐漸明白自己現在可以在情緒安全的基礎上創造生活情境與關係。雖然有人曾對她做出嚴重的傷害，但那是他們的責任，並不代表她有什麼問題。她慢慢開始把自己視為一名倖存者，而非受害者。

丹佐二十幾歲時沉迷於毒品，也曾對自己與許多人做過很糟糕的事，他的負面信念是他很壞、死了活該。透過嚴謹的自我評量、正念練習與十二步計畫[5]，他開始了解自己能得到療癒。藉由

---

5 twelve-step program，最早由無名戒酒會（Alcoholics Anonymous）採用，利用每個溫和的步驟慢慢導引酗酒者戒酒，後來被許多斷癮組織修改並廣泛應用。

「EMDR眼動療法」，他才明白自己之所以開始吸毒，是因為覺得在家裡不被愛且毫無價值，他想擺脫這些痛苦。在他發現自己藥物成癮原因的同時，也繼續好好地努力進行十二步計畫。他開始明白，現在自己這樣很好，他可以為自己的人生做些積極的事——他很重要。

露希雅對她的婚姻有種矛盾的感覺，這種矛盾深深折磨著她。她認識到因為母親曾對父親不忠，導致她將婚姻視為必然會造成痛苦背叛的圈套。透過反省，她意識到自己有個核心負面信念，即她不夠好、她一定會失敗。當她開始認出這是個信念，而非一項關於自己的事實，她便開始去療癒與認可她夠好，而且可以讓她的婚姻變成不同於雙親的故事。她開始感恩自己擁有母親從未有過的機會，能取得讓她的伴侶關係成功的工具與技巧。

潔絲敏的脾氣很壞，且會對她最在乎的人爆發。多年來，她只會為自己辯解，加倍強化她生氣的理由。之後開始尋找原因，才明白自己行為的核心信念是：我是個混蛋，所以幹嘛不表現得像個混蛋？更深入挖掘後，她發現自己的憤怒在早年就被父親激起，每當她不想花時間跟父親相處，他就會不斷貶低她、說她很自私。在對她的火爆怒氣做了許多治療與努力之後，她已經可以在怒火爆發前撲滅火苗。她了解到，事實上她是非常在乎且想要保護自己所愛之人。

繼續向前……

　　第九場域要求我們認識到信念與信念體系是我們自身所做的選擇，而且並不完全是事實。它要求我們願意對自己與他人的信念感到好奇，並且加以深度思考，選擇去利用人腦會隨著時間重新建立模式與進化的獨特能力。這麼做的回報是一輩子的學習與成長，以及與整個人類大家庭有更美好的連結。

　　每個元素對於如何鍛鍊信念的肌肉都有自己的看法：

火：只要有許多激發創意的情緒能量出口與人脈，你就會持續受到鼓舞，並意識到自己源源不絕的潛力，以擴展信念與視野。

土：要改變心胸狹隘的壞習慣與行為，以及舊有的創傷情緒調適方式，積極的抵抗是必要的。要從有害信念的泥淖中脫身是一項工作，而你是優秀勤奮的工作者。

風：任何限制性的信念都能被挑戰與升級。任何時候，你都擁有這麼做的遠見與智慧。

水：你需要強烈的同情心與關懷的體驗，才能持續鬆開把你束縛在過時觀念或情緒信念的枷鎖。

10

第十場域
成就與留存的印象

一旦你明白尊敬的滋味是什麼，就會知道它比注意力更美味。

但你必須到達受人尊敬的地位。

——美國歌手紅粉佳人（PINK）

（她的太陽、土星與金星都在土元素的處女座）

第十場域是關於性格與權威。我們的性格留下什麼足跡，它如何賦予我們權威？我們是如何編寫、開創、影響與榮耀我們居住的世界？我們帶來的深刻影響是什麼？如何發揮獨特的強項為自己留下印記？我們可能會留下什麼成就？

在占星學中，第十宮通常被縮小到職業考量。這一宮的真相以及這個對應場域的探索重點，是我們每一個人都有巨大的潛在權威。那是關於活出你的真正使命的內在感覺，而非過著你認為能讓別人尊敬你的人生。每個人都可能擁有權威，無論他們的職業或社

會角色是什麼。

我有個朋友名叫梅姬，她把人生都奉獻在撫養三個優秀的孩子，並支持丈夫在他的工作領域脫穎而出。身為母親與伴侶，她一貫且專注的愛就是她的權威；她的力量就展現在為家庭創造出真實喜悅與貢獻的氛圍上。我認識一位名叫瑪莉亞的餐廳服務員，她在工作中的榮譽感與影響力，比大多數我共事過的老闆還要多。每次她服務我的時候，我都覺得自己的存在與享受特別重要。她的權威就是讓別人覺得自己很特別，並受到很好的照顧。

另一方面，我也遇到過許多CEO，他們的薪水非常高，卻感覺不受尊重，甚至被人討厭。他們善於命令他人，卻沒有激勵他人。他們是用恐懼與威嚇、而非連結來領導。他們的要求很高，卻沒有培養出有使命感、動力與同事情誼的氛圍。

當你進入這趟第十場域的探索之旅，請在每一天結束時問你自己：我會如何評估我對他人造成的影響？我如何——或如何沒有——讓他們發揮出最好的一面？

✴ 啟示 ✴

占星學中的第十宮大多與一個人的職業或名聲有關。這是天空與正中午相關聯的區域，其中包含的守護星（sign ruler）與行星，便提供我們探索自己在他人眼中最突出與醒目時刻的真實自我。比如說，第十宮的宮頭有牡羊座，可能代表我們對待生涯工作的方式是強而有力、

活力充沛且火熱的。天蠍座位於第十宮的宮頭可能顯示我們的權威與最終的成就，將經由激烈地說出真相與無畏的轉變而浮現。第十宮有金星，則可能反映出我們的權威想透過培養美與和諧來表達。

土星是權威與管理的原型，掌管第十宮與摩羯座。如果你的第十宮中有行星，或星盤中其他地方有摩羯座，你的人生課題有一大部分就是學會區分名聲與成就之間的不同。

❋

經常有人來找我尋求職業的指引。我引導個案進行的任何有關職涯的討論，都是集中於找出他們覺得最有用與最受到鼓舞的領域，以盡全力去運用他們的天賦與才能。

以下是透過第十宮中的元素所舉出的職涯道路樣本。請留意你被什麼吸引，以及那種有興趣與活力的感覺是否適用於你實際在做的工作。

🔥 火

牡羊座： 消防員、運動員、職業格鬥選手、社運領袖、舞者、律師、急診室醫生

獅子座： 創意指導、演員、歌手、兒童教育者、說書人

射手座： 勵志演說家、旅遊顧問、靈性導師、馴馬師

🌱 土

金牛座：珠寶設計師、服飾店老闆、銀行家、奢華品牌顧問、身體工作者、身心學治療師（somatic psychotherapist）[6]

處女座：療癒師、心理學家、營養師、護理師、針灸師、脊椎指壓治療師

摩羯座：政治領袖、CEO、投資顧問、環保主義者、軍事領袖

🌬 風

雙子座：新聞記者、社群媒體顧問、脫口秀主持人、作家、溝通講師

天秤座：調解員、律師、造型師、模特兒、法官、婚姻治療師

水瓶座：社群組織者、非營利組織執行長、紀錄片導演（製片人）、占星師、科學家

💧 水

巨蟹座：傳記作家、主廚、居家設計師、兒童托育人員、食品檢查員

天蠍座：偵探、外科醫生、禮儀師、神祕學者、改革型領袖

雙魚座：音樂家、電影製作人、藝術家、靈媒、魔術師、醫院管理者

　　一旦決定了適合我們的才能與努力的好職涯，最重要的就是我們根據使用權威來執行職涯的方法。我們可以透過元素來取得內

在的權威感與貢獻感。

這個過程的一部分是觀察我們可能會怎麼以不熟練的方式來獲得權威。我們是為了令人印象深刻才表現出某些行為，而非往內看並表達出自己真正想表達的東西嗎？我們是否讓社會上對追求財富或特定職涯的刻板期待，讓我們偏離了原本應留下的真正成就？

評量：使用權威的方式

檢閱一下這些熟練與不熟練的權威使用方式清單。誠實地標示出你最擅長的三種權威使用技巧；然後標示出你經常用來取得權威的前三種無用的方法。

 火

熟練的

☐ 保護他人的領導力

☐ 創新的行動

☐ 無畏地展現脆弱

☐ 負責任的冒險

☐ 熱誠地激勵他人

☐ 給他人有意義的指導

---

6 一種整合當今對神經科學的研究、身體覺察、來自東方與西方文化的修行法，完形心理學、心理動力學、關係的觀點，以及人文主義治療傳統的方法。

不熟練的

☐ 擺出專橫跋扈的姿態

☐ 創造追逐私利的體系

☐ 魯莽的管理

☐ 自我本位的誘因

☐ 在感情中剝削另一半

☐ 吹噓與誇大自己的成就

☐ 用謊言來獲得成功

☐ 憤怒

 土

熟練的

☐ 穩重、可靠地做決定

☐ 以保護、關懷他人的方式做決定

☐ 給他人值得信任、安全的指導

☐ 長久的價值觀

☐ 傳遞美好事物

☐ 勤奮工作的平等主義

不熟練的

☐ 以固執、反抗的態度參與事務

☐ 嚴格、理所當然地控制他人

☐ 以貪婪為動機

□拒絕給出權力

□渴望得到認可

 風

熟練的

□用一個清楚的指令設定願景

□鼓舞人心的寫作

□令人振奮的正面思考

□精采的對談

□機智、幽默的對答

□以公平為中心的領導

□卓越的外交能力

不熟練的

□不可靠的事實

□分散又缺乏深度的注意力

□不受限制的目標

□虛榮與過度關心形象

□偏離重點的怪癖

 水

熟練的

□親切、有同情心的引導

□有耐心、彼此連結的領導

□光明正大的行動

□對他人有深刻的同理心

□提出專業的問題

□帶有情感的平靜

□在靈性上歸於中心與言行一致

不熟練的

□被戲劇性的感受所控制

□在衝突中缺乏堅定的勇氣

□用逃避現實來應付

□用偷偷摸摸、狡猾的行為獲得成功

□操控他人的要求

使用權威的方式：練習

這就是我們可以開始對自己的領導方式做出有意識的、具體的改變之處，無論我們是在哪裡具有影響力。

寫下三個你熟練的表達權威方式，思考能如何繼續使用它們，或更充分地使用它們。然後再回頭看一次清單，寫下六個你沒有選出來、但想要多多培養的熟練的才能。留意它們是來自哪些元素，思考把更多這些才能帶入你的日常生活中的具體方法。針對你可以採取的、符合自己想要建立的內在權威的步驟進行書寫、討論

或創作藝術品。

若你想更進一步做這個練習，可以試著每天都重看一次這份評估清單，連續三十天。每一次都記下當天你留意到的才能與不熟練的表達。找個有創意的方式記錄你的答案，在這個月結束時，你將看見一份自己在這個場域表現的反思紀錄表，這將幫助你了解自己想要如何前進。

評量：你的成就

你希望大家在你的訃聞或葬禮上怎麼談論你？雖然去想這件事並不容易，但是對於希望如何被人記住進行一次誠實的評量，能提供往想要留下的成就方向更進一步的動力。瀏覽一下這些清單，看看大家可能會怎麼說他們關心的已故之人。在你希望別人對你做出的陳述上畫圈或打勾。雖然我們會很希望達成全部的陳述，但是請務必要壓下勾選全部選項的衝動，只要選出那些你覺得在你呈現出最好的自己時最真實的描述就好。

🔥 火

☐ 我總是覺得他非常愛我。

☐ 他帶給每個人好多喜悅與感激。

☐ 我生活中最開心的大笑都是發生在跟他一起的時候。

☐ 他活得如此充實，激勵我也要跟他一樣。

☐ 我認識的人當中，沒有人像他如此勇敢無懼。

□他總是在背後支持我。

□他總是做對的事，即使沒有人在看。

□他非常自然隨興又有創意。

□他是非常好玩且心胸開闊，總是能讓我開心一整天。

□他的慷慨令人驚嘆。

🌱 土

□他總是令我覺得平靜安寧。

□他是我所認識最可靠、慈愛的人。

□沒有他的幫助，我不可能活得下來。

□他總是如此溫和……真的是我認識的人當中最好的人之一。

□他為這麼多人提供這麼多東西，而且如此無私。

□他是我所認識最體貼、最有服務傾向的人。

□他做每一件事都做得很稱職……也很謙虛。

□他總是知道在對的時間說出對的事。

□他的存在是如此純粹且不張揚。

💨 風

□他總是令我感覺自己聰明機智。

□他真的知道如何讓每個人彼此連結。

□他是你能擁有的最好的朋友。

□他以身作則的方式啟發一整個世代的人。

□他的樂觀對好多人來說都提供了很大的支持。

□他對人生的看法總是讓我感覺好很多。

□他絕頂聰明。

□他知道如何讓每個人都覺得自己很重要。

□他的獨特性讓每個人都可以做自己。

□他的美是深刻而永恆的。

水

□他絕不會對任何人說一句壞話。

□他是我所認識最美麗的靈魂。

□他的善良有如傳奇。

□我總是感覺他真正在關心我。

□他每天都展現真正的同情心。

□他面對最困難的事時毫無畏懼。

□他是韌性與希望的典範。

□當他走進房間,你就知道一切都會沒事的。

□他是你能擁有的最好的父母。

　　你選出來的陳述就是你的羅盤,是你真正的成就的指引。你真正想成為誰?你想如何被記住?你距離充分表達你希望大家記得你的特質有多遠?請誠實看一下,因為你可以選擇是否要加倍努力留下你希望遺留下來的成就。

人在到達生命終點、回顧一生時，最常問的問題通常不是：「我的銀行帳戶裡有多少錢？」……你會發現他們問的問題非常簡單：「我有沒有好好去愛？」「我活得充實嗎？」「我有學會放下嗎？」

——美國內觀禪修導師傑克・康菲爾德（Jack Kornfield）

（太陽與土星在巨蟹座）

你的成就：練習

根據你希望留下的成就創作一件視覺藝術作品。想像那是一件為了未來離開人世的自己所創作的紀念藝術品。花點時間書寫，或與一位關係親密之人談談，要讓你夢寐以求的成就實現，你生活中有什麼可能需要改變之處。

永不嫌遲

致力於你想在人們生命中留下的印記永不嫌遲。我認識很多人經過數十年追逐無止境的金錢與讚賞之後（而且對自己也不滿意），才在晚年成為他們想成為的人。他們慢下腳步，才明白真正的價值是在與人連結的時刻中，而不是在金錢中，或甚至也不是在事業中。

傑洛米是位百萬富翁，曾二度結婚與離婚。他的月亮與太陽都在土象的摩羯座，落在掌管抱負的第十宮。他成年後的生活重心大多放在創造財富並珍藏物品與想法，跟他如今已成年的孩子們並未維持親密的關係。他的一生大部分都活在頭腦中，而非根據自己的心而活。做了大量的深刻反省與內在功課之後，他才明白童年時期所遭受的家庭創傷，讓他不想對他人有太多情感依附。他覺得專注於智力與物質上的追求比較安全，而且自己比較有能力辦到。在心理治療中，他開始融化內心曾讓他無法與孩子進行深刻連結的盔甲。雖然他尚未完全改變，但他現在的目標不是去感覺，而是去做。他把焦點改放在修復他與孩子們的關係，而非創造更多財富上。

　　蓋兒是四個孩子的母親與社工，她也是為了這份工作而活的。她的上升星座是像媽媽一樣善於照顧人的水象巨蟹座，月亮也是以他人為重的天秤座。她的太陽獅子座位在第七宮，顯示她要透過他人才能找到愛與表達自我。她每一天都在付出自己內心的愛。每一個接收到她的愛的人，都感覺像是坐在一道神奇的仁慈瀑布下。蓋兒要付出的很多；她經常疲憊不堪、筋疲力竭，但仍睡不著，因為她非常關心她所服務的人。光是做好她的工作、每天花一點點時間陪伴她的每個孩子，就已令她過度操勞。母親過世後，蓋兒才明白如果她不從目前大量的付出中抽身，她一定會被淹沒。她決定去上健康課程，把焦點放在平衡與自我照顧上。如今，她用以身作則來領導他人，而非自我犧牲。

　　李奧那德是位全職爸爸。他是你會遇到最好的爸爸之一——

但他也深深感覺到自己不夠好，於是藉由把所有能量都聚焦在孩子們身上來逃避那種感覺。潛伏在他充滿愛的外表下的，是未得到撫平的童年傷痛，那些傷痛會在他暴怒或把愛他的人推開身邊時出現。因為他人感覺得到、也害怕這份在他表面之下的強烈痛苦，因而在他身邊總是戰戰兢兢。李奧那德有很多行星在巨蟹座，這賦予他無限的情感深度與愛心，但他覺得沒有被照顧到的地方就成了充滿情感毒藥的深淵。一次他面對到無法再逃避的危機時，人生有了轉折點，他終於接受自己一直需要的協助，去活出從未表達出來的部分。他的心理治療帶來極大的轉變，讓他最後因為想成為心理治療師而重回學校念書。在那裡，他的情感深度以及他對人的深刻關懷找到了真實的表達。

塔妮亞是位勵志教練與體能訓練師。她的太陽是擅長運動的牡羊座，也位於第一宮，月亮則是如火一般、善於創造意義的射手座。塔妮亞的木星與火星都在金牛座，這更增大了她對感官滿足與體型條件的胃口。她成年後的人生都待在健康社群裡，促進他人的健康。長期以來，她在實踐自我照顧的優異成績下，一直隱藏著某種成癮症。成癮症最終與她的誠實特質產生衝突，於是她戒掉了癮頭。透過真實、謙卑與坦誠面對自己的掙扎，讓她得以透過自己身為勵志教練的工作，對社群做出更大的貢獻。成千上萬跟隨她的旅程的人知道，他們絕對可以從自己目前所處的狀態開始改變，因為塔妮亞提供了以坦誠與同情心面對自己的不完美的絕佳範例。

繼續向前……

　　人會在某些方面固執地不去認識自己的權威性，以致無意識地自我破壞，固守某些習慣或隱藏那些阻礙充分發揮自己的祕密，是很常見的事。其實我們會這麼做並不奇怪，因為權威總是伴隨著危險與責任。當我們做大事時，錯誤與失誤也會被放大，而我們都知道這個世界對於原本想走向成功卻失誤的人沒有太大的寬容心。選擇用這種讓我們留下自己真正想留下的成就的方式生活，通常始於不舒適的自我認識、與自毀的習慣搏鬥，或是對抗我們可能連對自己都欺瞞到家的祕密；然後，還需要持續的勇氣，繼續選擇那條道路。

　　我們朝著勇敢與啟發人心的火、歸於中心與穩定的土、聰明與振奮人心的風，以及善良與平靜的水所邁出的步伐，都將成為我們留下的足跡的輪廓。

11

第十一場域
神聖隊友

當你充分投入之前所有場域中的四個元素，內在會開始充滿一種發亮穩定的光。維持這種溫暖與活力的祕訣，就是你的神聖隊友——第十一場域的焦點。

你的神聖隊友是由八到十二個人組成，他們是你可以依靠的盟友，彼此之間的關係不一定要非常緊密——只需要與你有連結。這些人要與你的成長和最終成就、而非你的舊模式一致。

你已經走上充分表達四大元素的道路，在你的自我表達（第一章）、物質財產與資源（第二章）、溝通方式（第三章）、住家與情緒智商（第四章）、創造力與生命熱情（第五章）、自我照顧習慣（第六章）、一對一關係（第七章）、性（第八章）、對學習、靈性與智慧的追尋（第九章），以及成就與權威（第十章）等方面。第十一場域也會把你不斷發展的元素表達，帶入一個反映出所有元素的社群中。當你內在的這些能量與細心挑選的神聖隊友的

能量融合，你所握有的集體力量與喜悅就會呈指數級成長。

　　沒錯，八到十二個神聖隊友人數很多！但有個這麼大的夥伴團體很重要，因為八到十二的人數比較可能涵蓋到不同元素光譜的人。請考慮反映每一個元素的人的特質：

火元素的人會……

- 支持你
- 當你不在場的時候說你的好話，當別人說你的壞話時為你發聲
- 像俗話說的為你擋子彈
- 相信「不可能」其實代表「我有可能」
- 相信魔法是生命不可或缺的一部分

土元素的人會……

- 讓你對你說出來的話負責
- 跟你一起並為你做正確、帶來滋養的事
- 始終如一地讓你依靠與仰賴
- 致力於自身的健康與幸福——並知道沒有健康的身體，靈魂就無法飛翔

風元素的人會……

- 願意主持令人不舒服的對話，並解決難以避免的關係破裂
- 讓你笑
- 激勵你
- 讓你與生活保持更大的可能性，而非困在阻礙與問題中

水元素的人會……

- 在你成功和達成目標時跟你一起歡欣鼓舞，也同樣會用同情心對待你的悲傷與挫敗
- 知道你的過去與陰影並不等於你
- 提醒你活在當下，以及你對這個世界是一份禮物
- 跟你分享他們的脆弱與真實，並支持你分享自己的真相與埋藏起來的羞辱

＊ 啟示 ＊

太陽或月亮在第十一宮的人，會把友誼視為一種超能力而予以優先考量。他們對擁有一群朋友的情感需求很強烈，也會認同他們的友誼團體，視之為歸屬感的定錨。他們可能是確定大家會定期聚會或一起創業的人，也很可能是站出來計畫婚禮、新生兒派對與告別單身派對的人。

如果某人的土星落在第十一宮，在談到同儕時可能會感到非常寂寞。他們可能必須特別努力才能維持緊密的朋友關係。木星落在第十一宮可能會帶來奇怪的窘境，即擁有太多朋友，光是試圖跟上所有朋友的腳步就感覺喘不過氣來。

❋

我們很多人都被教導，雖然擁有團體與朋友的支持是件好事，但我們不應該真正需要他們。文化規範要求我們要當個堅強、靠自己努力而成功的人。如果要處理好自己的事，可能需要偶爾的支持──特別是當生活中出現問題時，但我們要負責盡快讓自己恢復正常，才不致造成任何人的負擔。這個普遍的錯誤觀念阻止我們去探尋人類真正需要的團體與朋友支持的深度與廣度。我們必須學習去對抗「不依賴任何人，只靠自己努力而成功」的主流敘事，並把建立與維持一組神聖隊友視為一種在關係中的勇氣的反映。

建立你的神聖隊友

二〇一九年，社交活動規劃網站愛羽達（Evite）與網路市調公司OnePoll詢問了兩千名美國人的社交動態。有將近一半的人表示很難交到新朋友。雖然受訪者平均有十六位朋友，但他們認為只有三位是終身好友，也只有五位是他們會想單獨相處的對象。兩千

名參與者中不到一半的人表示，害羞或內向是阻礙他們最大的因素，也有差不多同樣百分比的人表示，他們想要交更多朋友，但不確定該如何找到人選。為什麼我們應該找出八到十二位朋友？我們又該如何與那些真正符合神聖隊友形象的朋友建立起這樣的關係？

雖然要聚集這麼多人保持緊密關係可能令人生畏，但這是必要的。這是一個部落必須達到的規模，如此才能確保每個人在需要時都能得到支持，以及沒有任何成員會被要求在超出其耐力或資源許可的狀態下，去維護或支持他人。

剛開始，你可能只找得出兩個人可以納入神聖隊友名單。但只要有決心，你就能建立起具有轉變力量的夥伴名單。有很多地方可以找到你的隊友：你現有的家人與朋友圈、治療師與療癒師、讀書會、你從事宗教活動的地方、十二步計畫團體、創意合作對象、工作場合、課堂、單身俱樂部、Meetup群組、運動團體等。請先與你親近的人談談組成這種團隊的想法，以及為彼此提供這樣的支持對你們所有人來說代表什麼。

在你閱讀本書的過程中所建立起來的自我覺察與關係智商，在你思考增加「神聖家庭」新成員時將大有益處。在這些對話中，請勇敢表現出你的脆弱，坦白說出你在尋找的是什麼以及原因為何。要知道，你可能會聽見內心自我貶低與羞愧的聲音，試圖阻止你建立這些連結。經歷拒絕、傷害他人與被傷害的恐懼，是這個過程的一部分，而且這並非逃避尋找神聖隊友的藉口，或是讓自己屈就於不是真正緊密的關係的理由。對此不感興趣的人，就不是合適的人。合適的人會挺身加入，並因為能夠幫助你創造出彼此都需要

的夥伴團隊而感到興奮。

與有意識的盟友一起用愛耕耘的團體關係，就是在拯救自己的靈魂，同時也讓你成為他人不可或缺的人——這是每個人都有的需求。正是透過重視我們深遠的影響力與相互連結，我們才能為自己的人生帶來真正的滿足。

你的隊友既是救生艇也是你的生存教練隊。當你表現出色時，他們會為你高興，慶祝你朝著發現自己的真實神聖本質而踏出的每一步。當你失敗、跌倒或受傷流血時，他們會在你身邊對你說：「有我們在，我們愛你。我們會在這裡支持你。」

與你的神聖隊友一起讚頌韌性

我第一次遇見梅蘭達約在十二年前，她來找我解星盤。那時她正處於一段受虐的婚姻中，伴侶經常用殘酷惡毒的方式對待她，有時還會威脅她的人身安全。她的自尊是零。她的某些元素是有發揮作用的：她是名很有才華的舞者與演員（火元素），也是位職業作家（風元素）。她的身體健康狀況不是很理想，儘管她有執行一些良好的營養與抗發炎療法（土元素），但婚姻中的壓力與孤獨感，開始讓她覺得自己生病了。她所經歷的持續性創傷導致免疫系統失常。梅蘭達的呼吸道與膀胱感染以及心悸頻繁發作，讓她害怕自己會死掉。因為她一直受到丈夫的支配、心理操控與霸凌，在那種情況下她的脆弱與敏感（水元素）是不被允許的。要留在這份受虐的關係中，她必須讓自己保持麻木。梅蘭達談到不覺得自己應該

跟正常人在一起，她被困在祕密與羞愧中，沒有人可以依賴。

　　梅蘭達加入了一個女性團體，讓她得以接觸到不只把感受放在第一位、溝通時也會把社交與情商列為優先考量的成員。她們為她創造了安全的空間，讓她可以開始分享自己婚姻中真正發生的事，但有不讓她被困在受害者的角色中。當她們肯定她的才能，她才開始強烈感覺到這與丈夫不斷侵蝕她的價值感之間的不同。她保持了火與風元素，跳舞、學習與寫作，她也持續努力攝取營養。真正改變的是，她開始習慣處於有同情心、能展現脆弱與透明的領域。她開始接觸更多女性團體之外的人，打電話給他們，請他們以展現脆弱與感受的方式陪伴她。她與那個虐待自己的人離婚，找到了善於展現脆弱與敏感度的伴侶，他也為那部分的她留出空間。在工作上，她選擇投入一個每天鼓勵她展現的透明坦承與失誤的緊密團體。他們讚揚與慶祝她在創意、情緒與身體上的成就。我最後一次得知的消息是，透過這組神聖隊友的愛與支持，她仍持續致力於在所有四個元素領域中實現自我。

　　鮑伯的故事比較具有警示意味。他因成為世界頂尖的科技人之一而聲名大噪。受到喬‧迪斯本札（Dr. Joe Dispenza）[7]與《祕密》一書具有邏輯與遠見的風元素風格影響，鮑伯在火元素（身體活動）與風元素（知識上的學習）上已達到一個人所能企及的高度發展。雖然身體非常健壯，但他經常飲酒過量，非常容易引起發

7　身兼科學家、講師與教育工作者，曾獲邀至全球三十多個國家演講。著有《啟動你的內在療癒力》與《開啟你的驚人天賦》等書。

炎，也削弱了火與風元素的良好能量。鮑伯也不允許自己是脆弱的、需要關懷或依賴他人，也不會哭泣。他在水元素的感受、展現脆弱與溫柔的能力是發展不足的。這形成一種模式，致使他對掌控一切的需求影響了他醒著的每一刻。鮑伯已獲得偉大的社會認可與成功，但當危機來襲時，他卻在自己與最親密的人之間築起一道心牆。他沒有能力去感受自己的感覺，或從一組神聖隊友那邊得到幫助。他最優先考慮的是如何維持權力與控制，而這就代表他無法利用危機作為一次加速心靈成長與連結的機會。他變得很傲慢、自以為是且僵化，讓其他人完全不想跟他交往，也導致他更加依賴酒精來處理被壓抑的感受。這使得他失去了最親愛的朋友與職位。

我們都會特別偏好某個元素勝過其他元素，並精通其中一、兩個元素，但如果不去照顧所有的四個元素，那麼由此造成的不平衡就會產生問題，也可能成為我們失敗的原因。

評量：社群中的團體

在我們的生命中，都有機會在社群或有著相同興趣、目標的團體中建立終身的關係，這正反映了第十一場域的另一個相關面向。我們通常會發展出一個加入與貢獻的標準方式。

請看看下列的清單。哪些是你參與團體時最常使用且可靠的方式？把你在自己身上發現的所有項目圈起來或打勾。特別留意你不熟練的表達方式。

🔥 火

- ☐ 熱情洋溢的領導者
- ☐ 啦啦隊
- ☐ 勇敢發言與行動的人
- ☐ 開始做事的人
- ☐ 反敗為勝的英雄
- ☐ 第一個去處理危機的人
- ☐ 因衝動而引發問題的人
- ☐ 無法如他們所願時就會表現出憤怒的人
- ☐ 突然放棄的人
- ☐ 獨占注意力的人
- ☐ 誇大其詞、承諾太多的人

🌱 土

- ☐ 有條不紊的領導者
- ☐ 注重細節的人
- ☐ 有責任心的人
- ☐ 踏實而明智的人
- ☐ 做事勤奮謙卑的人
- ☐ 注重安全的人
- ☐ 古板守舊的人
- ☐ 悲觀的人
- ☐ 好辯、可怕的人

□期待他人把工作做好的人

□陷入懷舊情緒的人

 風

□團體的靈感來源

□有遠見的人

□善於用詞與發音清楚的人

□能提供機智的中場休息節目的人

□具有積極心態的人

□具有平衡觀點的人

□對相關主題提出好問題的人

□注意力分散的人

□半吊子

□不可靠的傻瓜

□不誠實的人

□工作太辛苦就逃走的人

 水

□團體的核心人物

□富同情心的領導者

□會留意到感受的人

□會關注士氣的人

□會幫助他人感到安全的人

□安靜、友善的存在

□很需要別人給他滋養的人

□不斷尋求認可的人

□扮演受害者的人

□用低落的情緒讓周圍環境變得令人窒息的人

社群中的團體：練習

　　仔細思考你圈起來的表達方式，以及最多符合你的項目是位在元素清單的哪裡。花點時間書寫或討論你能加強或訓練的、在你的優勢元素之外的表達方式。

繼續向前……

　　團體生活對我們的存在至關重要。一個團體或社群要能以最理想的振動頻率運作，需要能提高四大元素的參與者。沒有勇敢的領導力、堅實的基礎、廣度與靈感，以及有同理心與關懷的場域，團體就不可避免地會失敗或造成損害。

　　如今你已認識到大多數時候你在團體中的表達方式，也發現了你或許能成為更有效的貢獻者的方式，請試著去鼓勵他人。從他們在團體中經常表達的熟練或不熟練的方式去留意他們的元素組合。看看他們擅長的地方，並將你看到的反映給他們。跟你的神聖隊友一起討論，每個人可以如何改善你們的團體參與度，並更能意識到你們在提振與強化團體生活上所扮演的角色。

12

第十二場域
念頭與誘惑

占星學中的第十二宮被稱為「玄祕宮」，是黃道十二宮的最後一宮，處理許多與看不見的世界相關的問題，以及它們會如何影響我們。這個領域反映了高度敏感的議題：精神疾病、醫療機構、成癮、通靈能力、音樂與藝術才華、靈性與服務。它也反映出守護天使的能量，以及因為致力於靈性而獲得的財富。在談論第十二場域的這一章中，我們將把焦點放在增加你的敏感度與靈性財富上。

✴ 啟示 ✴

第十二宮有超過兩顆行星的人，是被召喚以具有深刻意義的藝術或靈性方式，把自己奉獻給人類的人。如果這些能量沒有得到有效的利

用，可能會變得令人難以承受與焦慮。

我許多苦於成癮症的個案在第十二宮都有行星。這意味著他們早期無法處理自己的高敏感，後來在逃避的形式中找到了緩解。復原運動（recovery movement）[8]的領導者學會為了這個群體的利益，去處理這些敏感度的方法。他們也發現，透過服務一體的觀念，他們自己在過程中也能得到更多療癒。

我認識的一位年輕人凱文便是很好的例子。他在十幾歲的時候就開始與成癮症奮鬥。他的月亮在牡羊座、落在第十二宮，他心愛的母親也曾與精神疾病奮戰（星盤中的月亮代表一個人與母親的關係）。透過高品質康復計畫的支持與引導，以及拜他的牡羊與月亮落在十二宮以及上升牡羊的強大意志力與動力所賜，他不只得到療癒（在寫本文時，他擺脫成癮已將近六年了），也獻身於幫助、支持與激勵在復原中的他人。

.... ✳ ....

本章中，我們會先看看你如何與自己的神聖覺知連結。你如何在一個你能跟著宇宙的節奏呼吸的空間，與靈魂保持深刻連結？接著，我們會思考你如何培養並認識你的通靈能力，並探索這些能力對於追求活出充分表達並與天賦校準的人生有多麼重要。

第一個評量鎖定的目標，是我們能存取自己的神聖覺知以及讓自己與它隔絕的方式。當今社會中，所有人都活在前所未有的焦

慮與憂鬱中。持續的噪音與令人分心的數位化生活，使我們連結與接收神聖訊息所需的天線短路。先從找出你能與神性對頻的五個重要新方式開始。當你在這份與自己的神聖覺知連結／失聯方式的清單上做記號，可能會注意到增強這些靈性天線力量的新邀請。我發現，我在自己與宇宙關係中運用的元素越多，我的生活就過得越和緩而穩定。現在輪到你了。

評量：存取點

在所有你願意應用於連結自己的神聖本性的方法上畫圈或打勾：

火

☐唱歌

☐跳舞

☐性愛

☐劇烈的體力活動

☐自發性的遊戲與玩樂

☐歇斯底里的笑聲

☐創造力

土

☐瑜伽與神聖草藥

☐大自然

☐動物

☐進食

☐觸摸

☐寂靜

---

8 始於一九六〇年代美國的關懷精神疾病患者的運動，主張精神疾病患者不應該被監禁在醫院中強制服藥，而是應該讓他們在社區精神健康中心的照顧下，回到社會中生活，才有康復的機會。

⚘ 風

☐冥想   ☐閱讀

☐呼吸練習   ☐書寫

☐擴展心智的藥物 ☐對話

☐祈禱

💧 水

☐沐浴   ☐情感宣洩

☐協助把心敞開的治療法 ☐流動

☐游泳   ☐同情心

☐海洋

存取點：練習

與一位你信任的神聖隊友討論你喜愛的感受神聖連結的方式，或書寫、創作相關的作品。在開始之前，請準備計時二十到三十分鐘，然後完全地臣服在那種連結的記憶中，容許你的表達從那裡自然地流出。要把許多關於你做了什麼、以及在那些時刻中的感覺等豐富細節都包含進去。若你創作了一件藝術品，請把它掛在你能經常看到的地方，提醒你那份連結的存在。

評量：惡習

我們為了逃避而選擇的策略，能為我們的元素在哪裡失去平衡提供很多線索。惡習是身為人類重要的部分，也與呼吸一樣自然；我們都能感覺到自己的惡習是作為無害、暫時的快樂或神聖的事物，還是作為限制我們與神性連結的枷鎖。

在所有你感覺與靈魂脫離時常倚靠的惡習上畫圈或打勾：

火

☐耍脾氣　　　　　　☐自拍

☐酒精　　　　　　　☐不倫戀

☐開快車　　　　　　☐不斷旅行

☐魯莽的大膽舉動　　☐偷竊

☐與人勾搭

土

☐大麻　　　　　　　☐消費

☐食物　　　　　　　☐過度清潔

☐睡太久　　　　　　☐囤積物品

☐沙發馬鈴薯行為　　☐挪用公款

≋ 風

- ☐ 對社群媒體上癮
- ☐ 瘋狂看電視
- ☐ 沉迷於談話性節目或播客
- ☐ 迷幻藥
- ☐ 詐欺
- ☐ 沉迷於影像
- ☐ 對新聞上癮
- ☐ 迷幻蘑菇
- ☐ 安非他命
- ☐ 色情影片

💧 水

- ☐ 搖頭丸
- ☐ 對戀愛上癮
- ☐ 共依存症
- ☐ 自我傷害
- ☐ 被感覺淹沒
- ☐ 操控他人
- ☐ 扮演受害者

惡習：練習

　　與一位你信任的神聖隊友討論你圈起來或打勾的惡習，或是書寫或創作相關的藝術品。其中哪些你是偶爾才稍加探究一下，沒有任何被支配的感覺？哪些可能變成具傷害性的沉迷，讓你與你的較高自我分離？

　　如果你的惡習中有任何一個是已經成癮或有害健康的，就有必要尋求專業的協助。我二十出頭的時候很憂鬱，有飲食失調症且企圖自殘。但當我對外尋求幫助，才發現只要有足夠的支持與專家的照顧，任何事都可以克服。擁有一個無法擺脫、會阻礙你獲得健康與喜悅的惡習，是很不好的。我見過數百位個案，一旦他們明白

承認自己遇到麻煩且需要幫助並不可恥，人生就會澈底改變。

　　另一方面，我們都有讓自己困擾的惡習。它們只是惱人的提醒：我們是在發展中的不完美作品。開始看見惡習如何成為整體幸福與健康的替代品，我們就能每次都多接受它們一點，並找到處理隱藏在它們之下，未被滿足的心理與情感需求的新方法。

培養你的通靈能力

　　許多人會請我幫助他們認識或培養他們的通靈天賦。他們會把這種渴望託付給我是合理的，因為我相信（根據經驗），每個人某種程度都是通靈的，他們也可以提高內在的預知能力，更充分地加強與運用那些通靈能力。

　　很多人對靈媒抱持懷疑態度，我會說，有些通靈者確實是騙子。許多人誤用他們能觸及平行世界的能力。我寫這一段落的原因並非支持或推銷這類壞演員，而是要支持你去探知集體意識。我信任你會把新發現的天賦用在好的地方，而非不法的獲利上。

　　為何我們應該試圖變得更容易產生預感——在事情發生之前就去看見、感覺到、聽見或知道？練習這份能力能幫助我們用更堅固的槳駕馭生命的宇宙潮汐，能使我們與宇宙的節奏協調一致。探知我們的通靈力量是一種與神性校準的修練。舉例來說，法蒂瑪告訴我，她總是知道姊姊即將打電話過來的時刻，因為她的左耳會出現一種特定的刺痛感。傑爾尼則分享每次有暴風雨之前，他就會夢見一隻渡鴉飛過一道彩虹。伊蓮在某個她所愛的人快生病之前，都

會感覺到腹部像被人揍了一拳。羅比則是會在幸運的事情快發生之前，在車裡聽到一首特定的歌。

這種預知能力每個人都能得到。去探知它是一種撫慰人心的提醒：我們是某種超越已知的事物的一部分。

<hr/>

***

<hr/>

若有通靈網路這回事，他們為何還需要電話號碼？

——喜劇演員羅賓・威廉斯

（他的太陽、月亮與火星都在對超自然力敏感的水象星座）

<hr/>

***

<hr/>

＊ 啟示 ＊

位在你第十二宮的星座與行星會給你一條線索，告訴你如何增加自己的通靈能力。例如：蘇如的土星在天蠍座落入第十二宮，透過對古老神祕啟蒙文本的嚴謹研究，她發現了令人難以置信的通靈開放度。

拉拉的月亮在雙子座落入第十二宮，她花了很多時間想像與樹木和精靈談話，後來她用深刻的通靈智慧脫離了這些想像的對話。塔莎的金星在金牛座落入第十二宮，她是運用神聖的線香與令人愉悅的香氛噴霧，去擴展她的通靈管道。

*

評量：通靈能力

這裡列出一些元素特定的方法，可接通你內在的通靈熱線。在你瀏覽這份清單時，請把那些你已經體驗過的圈起來，並在那些你希望但尚未體驗的項目畫上底線。

火

一首歌如此貼切地唱出你發自內心的感受，歌詞似乎是要向你傳達某個訊息。

你感覺到強大的灼熱感或刺痛感，似乎是在命令你放慢腳步、問問自己發生了什麼事。

你不斷地打破東西，或是身邊有東西壞掉——顯示該是時候停下來問問自己：我沒有注意到什麼？

你一再無緣無故地碰到同一個人，於是你開始想知道：我們需要給彼此什麼訊息？

你感覺突然被召喚到某處去為某人做某件事。你查問之後才明白，召喚你的那個人正需要你的協助或愛。

土

你內心有股強烈的直覺，告訴你需要對周遭環境更有意識，並更懂得自我保護。

你被大自然中的某個特定地點吸引，那裡就像個療癒基地。當你在那裡時，你的身體與靈魂就會立刻放鬆與更新。

就在你要吃下一口食物之前，當時你就知道那食物不適合你——所以你就忍住不吃了。

當你擁抱某人，就能擷取到很多感官振動，讓你知道對方發生了什麼事。

你與動物有一種神奇的關係；牠們似乎能預測你的每一個動作，並以特定與心靈感應的方式服務你。

 風

當你坐下來寫東西時，文字就會飛過你落在紙張上。

你聽見腦海中的某些表達後不久，某個人就會準確地說出你正在想的字句。

你不知為何就是知道某件很棒的東西（你並沒有訂購）會郵寄過來……然後它就出現了。

某些字眼就從紙頁上跳出來，告訴你即將發生的某件事。

你經常發現，在一天的某個特定時間，你與你所愛的人會同時想到彼此。

在氣象模式被公布前，你就知道它們要發生了。

 水

你的身體突然出現不屬於你的感覺，並意識到你正在感知他人的情緒狀態。

你夢到的事情隔天就發生。

你不斷想起過去的某個人……然後他們就出現了。

你跟某人一起唱歌或跳舞時，不知為何就是能確切地感覺到他的感覺、最在乎的事，以及他們的下一步會怎麼走。

你跟某人在一起時，能在你的身上感覺到他們的疾病或不適，就像是你自己的一樣，而這可能幫助你支持他們找到療癒的方式。

通靈能力：練習

現在，你已記下自己原本擁有和希望培養的通靈能力，請把好奇、帶著正念關注與敬畏之心帶到你的日常生活中，敞開你的心扉與看不見的能量產生更多共鳴。與你的神聖隊友分享你所經歷的通靈共時性。自己要留意去學習辨識真正的通靈經驗與幻想，以及我們可能因焦慮、多疑或幻想的願望現象而編造出來的心理故事之間的差異。

打造你的通靈能力

有很多愉快的方式可以增強你的通靈「肌肉」。我喜歡在跟朋友玩牌時猜牌，或猜測接下來那副塔羅牌最上面會出現哪一張卡。有時，我在開車聽廣播的時候，會看看能否猜中他們接下來播放哪位音樂人的作品。我和一群朋友喜歡聚在一起許願，然後記錄哪些實現了。保持你的通靈熱線暢通的最好方式有二：（一）知道你有這個能力；（二）玩耍般的全心投入它的能量中，並讓它載著你走。你越常練習這項技能，你就會越熟練。

以下是一些藉由元素培養你的通靈能力的訣竅：

 火

當你面臨一件兩難的事，而且還沒有答案，就去快走或跑步（不要有任何透過耳機傳來的令人分心的聲音，請把耳機留在家裡）。請求你的神聖本質在你努力奮鬥結束時提供你一個瞬間的領悟。

當你覺得受困、想獲取你的直覺時，請試著用力搖晃你的身體（以安全而可控的方式），直到你把能量轉移到新的振動頻率中。

在一座火爐或火坑旁坐下來，凝視火焰。一陣子之後，等你的心完全沉浸於火焰中，就請求他們對你揭示一個更深刻的知曉。它會出現的。

在你尋求一個問題的特定答案時點燃一根蠟燭。讓它安全地燃燒一整晚。當蠟燭全部燒盡時，感覺你內在直覺的答案是什麼。

土

安靜地坐在一棵樹下。專注於從土地汲取扎根的知識。

向你的神聖直覺提出一個認真的問題。等待並聆聽溫和的確認。

為你的祖先創造一個祭壇。加上任何感覺適合的東西當作供品：花朵、石頭、樹枝、其他珍貴物品。寫一張紙條，感謝祂們正向的遠見與指引。等祭壇完成，就向這些祖先們提出一個問題，並相信答案會出現。

在你的花園或你家附近的某處種植些東西：一棵樹或任何植

物。投注心力在這顆種子上，把它當作一顆你成長中的通靈能力的種子。持續去看這棵植物，照顧它長大。它會成為你自己不斷增強的直覺的試金石。

特別為你的通靈指導靈準備一份特別的食物。用額外的愛與關注來準備這份食物。讓準備過程中的每一個細微差異，都成為一個對你增強中的未卜先知能力的崇敬儀式。當你享用這份神聖盛宴時，感覺它是獻給你的直覺的聖餐。如有需要，可重複這個過程，讓你對自己內在的真實知曉更有信心。

 風

每天早上寫一封信給你的神聖指導靈，特別感謝祂們的協助。光是這個活動就大大增進了我的通靈能力。一定要每天做才會有效。

準備一副塔羅牌。我喜歡神話塔羅牌卡，但任何一種都可以。每一天抽一張關於你目前狀態的卡。然後詢問怎樣可以改善那個狀態，再抽另一張卡。僅僅是學習理解那些卡與請求神祕指引的行為，就能增加你的通靈敏感度。

在床頭桌上放幾本有關培養直覺的書，每晚睡前看一章。思考通靈或直覺力的習慣，將有助於發揮你的才能。

尋找大自然中的跡象是增強你的通靈技能的好方法。當你在一處野地中安靜地散步時，把一個問題輕輕地放在心底。請求顯示一個能幫助你回答那個問題的跡象。仔細觀看某個視覺的跡象；敏銳地聆聽某個聽覺的跡象。你會讚嘆大自然顯示洞見的方式。

水

　　沖個澡或泡個澡，並在心裡想著一個問題。把水想像成一座神聖智慧的噴泉或湖泊。讓水把你的思想溶解成你身體中一股溫暖的感覺。允許這種融合的體感提供你清晰的想法，並且請樂於接受。慢慢地，水將引導你得到溫柔而真實的答案。

　　哭泣是清理直覺通道最好的方法之一。若你成為哭泣專家，就能探知到龐大的通靈知識。有一個充滿愛心的見證人在場會有所幫助。許多人會避免流淚，因為他們預期自己會停不下來，或無法結束自己內心所感受到的強烈悲痛。我向你保證，若你學會完全放手哭個夠，就能清理掉大量阻礙你接觸到神聖直覺的障礙。在開始你的哭泣淨化過程之前先提出一個問題；等你完全釋放情緒後，再問一次那個問題。你將擁有一個新的觀點。

　　挑選一個玻璃杯，作為你的神聖入口杯。在每天的一個特定時間，用它裝著純淨清澈的水，仔細地慢慢喝下去。當你在啜飲時，想像每一滴水都在加強你的情緒清晰度。喝每一杯水之前先提出一個問題。隨著時間過去，你對事情的感知能力將會提昇與深化。

　　用一種香氛噴霧或精油來打開你的第三眼脈輪中心。當你把集中、放鬆的注意力帶到那個在你雙眼之間、鼻梁之上的中心點，就是在凸顯你的通靈直覺。這個把開啟靈魂的香氣帶到這通往感知的敏感入口的儀式，能增強你與生俱來的看清事物的能力。如果你持之以恆，並帶著充滿耐心的信念，你的內在視野將會擴展。

繼續向前……

你是如何與神性斷絕連結的？你可以認出與神性失聯所帶來的空虛感——在那種狀態下，你發現自己渴望用毒品或物質來滿足需求。為了滋養第十二場域，你要不斷注意自己會在哪裡被動或主動地退出與神性的連結。要持續探索對你有效、能讓你重新連接無限的神聖源頭的方法。

所有通往通靈直覺的連接點都能增強我們的信念、行動的明確性與表達。無論你的元素組成為何，你都可以取得這些覺知的方法。等你把每個方法都執行了，你與神性的一致性會變得更強大且更有韌性。無論你是用什麼方式使用這個通靈管道，你在那裡投入的能量越多，就越能感覺探知到生命的神奇節奏與連續性。

畢竟，魔法其實只是對日常中的非凡之處的華麗認知。那是以奇蹟的心態生活，人生不是發生在我們身上，而是為我們而發生。

結語
充分表達自我

本書是一場對元素的探索，透過的是十二個不同的經驗場域。

若你已如實地對每一章下過功夫，不久之後，你將會深刻投入把火、土、風、水四元素融入：

- 你的自我呈現中
- 你的核心價值觀與自我價值中
- 你的溝通中
- 你的住家與私人環境中
- 你的愛情生活與你的創意表達中
- 你的健康與每日習慣中
- 你的夥伴關係與支持語言中
- 你的性生活中
- 你的內在與外在旅行以及在人生中創造意義之中
- 你創造成就的過程中
- 你的同溫層或朋友圈中

● 你的靈性道途與誘惑，以及通靈能力中

把每一個元素的所有強項帶入這些場域，能提供持續振動的正面能量與活力，並提供你活出充分表達的人生的機會。

生命從來就不是靜止或可預期的。要在多變的環境中保持完整有力的自我表達，日復一日的練習是必要的。當你在任一場域電量不足時，都可以重溫本書來提醒自己你的最佳選擇與可能性。最好的情況是，你會吸引家人、朋友與摯愛參與本書的探索過程，如此你們就能擁有相同的語言與地圖，去支持彼此變得更成功並持續學習。

蘇格拉底有句名言說道，未經檢視的人生不值得活。他這樣的陳述方式只代表了心智或風元素的觀點。我要謙卑地提出一個融合四大元素的修改版：充分表達的人生中，每一次的努力與犯錯都是值得的。

在時間的長河中，我們只不過是一道短暫的閃光。為何要留下任何遺憾呢？

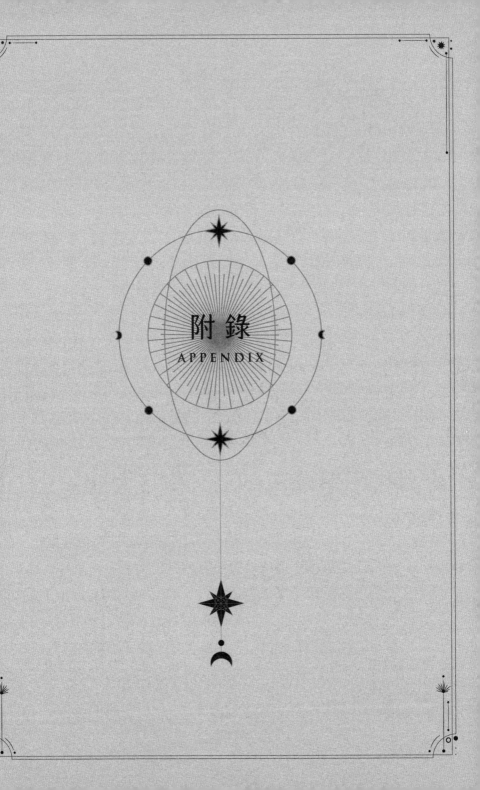

附 錄
APPENDIX

附錄一
了解你的星盤

　　星盤就是在你出生的那個特定時刻，從你出生地的角度來觀看太陽系的一張抽象「快照」。它呈現出黃道十二宮中重要星體的位置，橫跨天際、繪製成一幅地圖。乍看之下，星盤中的符號與幾何圖形可能像是一道道費解的謎題，但只要理解那些符號的意義與它們放置在那個架構中的邏輯，你就能把星盤解讀為一份專屬於自己獨特性格與人生道路的宇宙劇本。星盤中蘊藏著大量有關你自身特質的資訊，這些特質在你的一生中通常不太會變化。占星師在解讀你的星盤時，不會只和你討論那些特質，也會透過觀察相對於你星盤中穩定點（still point）[9]的行星持續移動，來蒐集你當前狀態

---

9 意指一張星盤中，所有行星和其他天體的位置和關係所形成的圖案中的一些穩定的位置。這些位置在人的一生中是固定的，並提供了此人的性格、潛在能力和命運方向等重要的訊息。

的資訊。

　　為了了解星盤的運作方式，我們將用英勇的黑人人權運動人士羅莎・帕克斯（Rosa Parks）作為例子。我選擇羅莎的原因，是由於她的勇氣深刻影響了我的年輕歲月，促使我成為年輕的人權主義行動者。羅莎讓我看見，一個願意挺身而出的人可以改變世界。她的正直、沉著，以及對平等的奉獻激勵與引領著我。

　　雖然可以使用不同的形式與系統創造星盤，但每一種星盤都是圓的，並分為十二部分。這些部分稱為宮位。第一宮始於指南針上的「西」箭頭處，即羅莎星盤中標示著「1」的地方。從那裡開始，宮位以逆時針方向繼續依序排列，第十二宮就結束在第一宮的開啟處。畫在宮位之間、像輪軸般的線，稱為宮頭，清楚地劃分出一個宮位結束與另一個宮位開始之處。

　　每一個宮位都囊括一個特定的生命經驗領域。例如第七宮是夥伴關係，第四宮則是住家與家庭區，這些宮位共同構成了星盤故事發生的場景與舞台。

　　在宮位中，你會注意到散布的符號，每個符號就代表一個行星。你可以把行星想成是戲劇中的角色，每一顆行星都在體現自己的動機與目的。在某些星盤中，行星可能分布很廣，而在某些星盤中（如羅莎的），可能主要聚集在某一、兩

羅莎・帕克斯

1913 年 2 月 4 日北美中部時區上午 5:13

出生地：阿拉巴馬州塔斯基吉
32N25, 85W41
分宮制

上升摩羯座
月亮摩羯座
太陽水瓶座

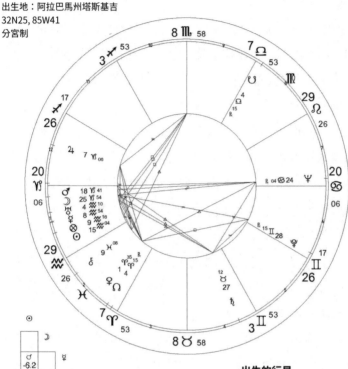

出生的行星

太陽	☉	水瓶座 15° 03' 49"	-16.32
月亮	☽	摩羯座 25° 54' 14"	-25.63
水星	☿	水瓶座 8° 54'	-20.00
金星	♀	牡羊座 1° 35'	1.11
火星	♂	摩羯座 18° 41'	-22.93
木星	♃	摩羯座 7° 06'	-23.08
土星	♄	金牛座 27° 12'	17.64
天王星	♅	水瓶座 4° 10'	-19.77
海王星	♆	巨蟹座 24° 04' R	20.80
冥王星	♇	雙子座 28° 15' R	17.33
凱龍星	⚷	雙魚座 9° 08'	-3.60
北交點	☊	牡羊座 4° 15' R	1.69
上升	⊖	摩羯座 20° 06'	
天頂	⊕	天蠍座 8° 58'	
幸運點	⊗	水瓶座 9° 16'	

製作：珍妮佛・弗瑞德博士

229

個特定的宮位。如果你的某些宮位是「空的」，不用擔心；擁擠的宮位代表的是你有許多人生大事會發生在這些領域。

　　太陽與月亮被認為是占星學上兩顆關鍵的「行星」，有時被稱為「發光體」（luminaries），與其他太陽系的行星相較，發光體從一個星座（以及你星盤中的宮位）行進到下一個星座的速度相對較快。月亮甚至每二・五天就轉換星座。所以，月亮與太陽的位置對每張星盤來說都是相當明確的，它們會為人生故事奠定重要基礎。（當然，我們知道地球繞著太陽運行，所以一般說占星行星在星座與宮位之間「移動」時，實際上說的是我們從地表所看到的移動景象。）太陽代表你的核心身分與活力，月亮則是代表你的情感需求與獨特的感受天性。

　　接下來要考慮的是內行星：水星、金星與火星。水星協助解釋你的思考與溝通方式，金星則顯示你與人連結以及產生共鳴的方式。火星是體現你自信的動力的特定風格。

　　木星、土星、天王星、海王星與冥王星被視為外行星，它們轉換星座的速度很慢，因此它們的位置對整個世代的影響大於對單獨個人的影響。木星是關於幸運、豐盛與成長；土星是關於限制與得來不易的智慧；天王星是關於煽動人心的叛逆；海王星是關於靈性與夢；而冥王星則是關於死亡與重生。

有些行星也可以被形容為吉星（benefics）或凶星（malefics）。木星與金星是吉星，會帶來積極、愉悅的能量，而土星與火星則是凶星，被視為比較會引起混亂與要求嚴格。但是當然，沒有一顆行星是單純好或壞的——所有行星能量都必須明智使用。

　　在羅莎的星盤右下角提供的符號說明中，你會看到一份列出行星與其符號的清單。這張星盤與符號說明也包含了平均焦點（Mean Node）（或北交點〔North Node〕），是月亮的運行中一個重要的點，與人生使命和命運有關，加上凱龍星（Chiron）與黑月莉莉絲（Lilith），這兩顆小行星也可列入考量，各自代表一種繼承的創傷與性格的黑暗面。看看那份符號說明，你能在羅莎的星盤中找到每一個行星，並看見他們所在的宮位嗎？第一宮裡有多少行星？其中有多少內行星、多少外行星？

　　你也會注意到，星盤中有些連接一個行星與另一個行星、上面有符號的線。例如，羅莎的月亮（在第一宮）與海王星（在第七宮）之間有一條線。這些線是用來展示相位（aspect）：行星間的特定角度可能引發它們能量之間的摩擦或合作。行星處於具支持性的相位時經常能合作無間，可能是一次合相（conjunction），即兩顆行星位於同一個星座、同一個度數時；可能是一次六分相（sextile），即當兩

顆行星的位置呈六十度時；可能是一次三分相（trine），即當兩顆行星的位置呈一百二十度時。行星處於具挑戰性的相位時，很容易會因互相衝突的目標而彼此對抗，可能是一個對立相（opposition），即當兩顆行星的位置呈一百八十度時；或是一個四分相（square），即兩顆行星的位置呈九十度時。

對任何一個相位，你都可以加或減兩、三度，但行星越接近這些精準的角度，該相位的效應就越強大。羅莎的月亮與海王星之間的線，顯示兩行星之間的對立相，在星盤的輪盤上直接位於彼此的正對面。她的月亮與土星之間的線則顯示一個一百二十度的三分相。

要真正理解一張星盤，我們不只得看行星與宮位，還要看星座。雖然行星是天體，但星座卻是天空的一塊區域，行星就位在其中，以它們特定的速度不斷向前行進（以及在逆行期間向後倒退）。看一顆行星所在的宮位，我們可以了解此人將要面對該行星影響的環境或生活領域，但我們需要知道這顆行星的星座，才能看出它將在那裡如何表現自我。星座就像是行星的戲服與情節。

要看羅莎星盤中的星座，請沿著輪盤的外側看。每一個大符號就是一個星座。如你從閱讀本書所得知的，每個占星星座都以四大元素中的一種元素為特色。牡羊、獅子與射手

是精力充沛、積極的火象星座。金牛、處女、摩羯是落地、務實的土象星座。雙子、天秤、水瓶是聰明、理智的風象星座。巨蟹、天蠍與雙魚是情感豐富、有直覺力的水象星座。

　　星座也可以模式來分類。「基本星座」出現在季節的開始：春天是牡羊座，夏天是巨蟹座，秋天是天秤座，而冬天是摩羯座。「固定星座」位於季節的中間：春天是金牛座，夏天是獅子座，秋天是天蠍座，冬天是水瓶座。最後，「變動星座」出現在季節的結尾：春天是雙子座，夏天是處女座，秋天是射手座，而冬天是雙魚座。你可以據此來猜測它們的象徵意義：基本星座是專注於開始的能量，固定星座具有把難事執行完成的固執與穩定度，而變動星座則擅長適應與變化。

　　你如何知道每一宮是由哪個星座掌管呢？讓我們用羅莎星盤中的第四宮為例。第四宮的宮頭（數字4之前的那條線）與外輪標示著金牛座符號的部分交叉，結束點則與外圈標示著雙子座的部分交叉。儘管她的第四宮結束在雙子座，但因為金牛座位於宮頭，因此認為它由金牛座「掌管」，所以這一宮是由金牛座土元素掌管。

　　你有看見羅莎星盤中的土星符號嗎？找到圓圈裡那條標示著它的確切角度的細線，顯示它是位於第四宮，也位於金牛座的區域內。羅莎的土星就是在金牛座落入第四宮，由土

元素所掌管。所有這些資訊——宮位、星座、元素以及模式——都能幫助我們了解她的土星出現的樣貌。

任何與你同年同月同日出生的人，大部分的行星所處的星座都會跟你一樣（元素與模式也是）。比如說，每一個跟羅莎一樣生於一九一三年二月四日的人，太陽都位於水瓶座。但是比羅莎晚幾個小時出生的人，他們的水瓶座可能位於第十二宮，而非第一宮，而大約在正午出生的人，他們的太陽水瓶會回到第十宮。這都是因為星盤的另一個重要部分：上升星座。

星座總是以相同的順序排列，跟宮位一樣繞著星盤以逆時針方向移動，但要知道你星盤中哪一個星座先到，就必須知道你出生的時間，那揭示了你出現在地球時，星空中正在上升的黃道區域。因此，與星盤第一宮對齊的星座就被稱為上升星座。出生在二月四日上午五點十二分的羅莎上升星座是摩羯座。（你看見第一宮的宮頭與外輪標示著摩羯座符號的部分是交叉的嗎？）她的月亮摩羯落在第一宮，她的太陽水瓶也是，因為大多數的水瓶座也都落在她的第一宮。但出生在當天上午八點的人，上升星座就會是雙魚座，月亮是摩羯座落在第十一宮，太陽是水瓶座落在第十二宮，這些行星的位置就會提供不一樣的解讀。若你進入像是astro.com這樣的免費查詢星盤網站，輸入羅莎的出生日期與地點，但輸入

不同的出生時間，你就會看見，即使她的行星都位在相同的星座，但星盤的宮位會以各種不同的方式出現。

接下來，我們要看看女演員蜜拉·庫妮絲（Mila Kunis）的星盤。我選擇蜜拉是因為我認識她，而且她是一個充分表達星盤、活得閃閃發光的範例。此外，她的故事也精采，呈現了經歷創傷後成長，重新追尋本心並活出極具冒險性的人生。

蜜拉·庫妮絲
1983 年 8 月 14 日
巴格達夏令時間上午 8 點 45 分

上升處女座
月亮天蠍座
太陽獅子座

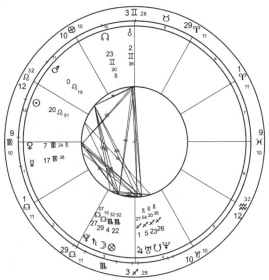

出生地：烏克蘭切爾諾夫策
48N33, 28E09

精確月交點（TLT）：6:30
恆星時（ST）：4:05:48
分宮制

仔細檢視每一個宮位、星座、行星，以及它們與彼此形成相位的方式，就能開始看見星盤如何為這位受人喜愛的明星的特定性格與道途提供一張地圖。

　　請先花點時間熟悉蜜拉的星盤。記得，你可以從指南針指向西方的點開始，找到第一宮的宮頭，它也被稱為上升星座。你會注意到蜜拉的上升星座是處女座，位在外圈上，被標示在星盤左邊居中那條線、數字9的旁邊。

　　處女座是變動土象星座，以服務、精準與實用的智慧為導向。上升處女座的蜜拉表現得既聰明又謙虛，具有敏銳的理性思考力。然而，要更了解她在給人的第一印象中所戴的「面具」，我們必須考慮到剛好發生在她上升星座上的重要占星相位。內行星金星（吉星）位於處女座七度，與第一宮宮頭的星座與度數都相同。金星剛好把美麗與人際關係的技能帶到蜜拉的外表神態上，透過處女座的精細洞察力與一絲不苟的完美體現出來。

　　在處女座與第一宮還有另一個重要的行星：水星，大約越過金星十度。這是溝通之星，因此它讓蜜拉在日常生活中就富有聰明表達的傾向。

　　若仔細觀察，會發現第二宮的宮頭剛好落在處女座的最後幾度之前。所以，蜜拉的第二宮基本上也是由處女座掌管，雖然它主要是由基本風象星座的天秤座所占據，也就是

黃道上的下一個星座。在天秤座中朝第二宮的終點望去，我們會發現冥王星。因為冥王星是外行星之一，它的占星位置並非特別針對蜜拉，而是標示出她的世代（所有在一九七二年至一九八四年出生的人），具有把「我」轉變為「我們」的力量與責任。第二宮中有冥王星，我們可以預期蜜拉最強大的蛻變會與她的物質財產、價值觀與資源有密切相關，這些都是第二宮的主題。

進入到第三宮，即溝通之宮上，我們發現兩顆重要行星：土星在天秤座與月亮在天蠍座。土星是跟責任感與限制有關的一切，那是成熟的基石，因此無論在星盤的何處找到它，只要有好好完成繁重的工作，就能看見一種達到精通的特別能力。第三宮裡有土星在天秤座，蜜拉的天賦任務是去培養訴說美麗、促進和諧的故事這方面得之不易的專長。

月亮在第三宮，蜜拉的情感幸福也是錨定於傳達想法與敘事，但我們也要考慮它的位置在固定星座的水象天蠍座，是以其豐富深刻的情感與強大魅力而聞名。這樣對照下來，蜜拉在表演上得到的讚賞是否越來越有道理了？

由變動星座的火象射手座掌管的第四宮，是蜜拉星盤上最擁擠的一宮。在這裡我們找到三個外行星，並發現一些與她的祖先歷史和成長經歷一致的見解。蜜拉出生在烏克蘭，父母都是猶太大屠殺的倖存者，在她七歲時，一家人搬到美

國追求更有前途的工作機會，並逃離他們烏克蘭家鄉小鎮的反猶太主義。木星、天王星、海王星全都在世故與愛冒險的射手座，又是落在有關家庭與住家的第四宮，我們也許能預期在蜜拉的根源中發現不穩定性（天王星）與廣闊可能性（木星與海王星）的主題。

在星盤上接下來的五個宮位中——隨著我們以逆時針方向繼續繞著輪盤向前走的第五、六、七、八與九宮——我們都看不到任何行星。這只是代表生命中的這些區域或許沒有像其他區域那麼活躍，但我們仍需查看掌管每個宮位的星座，以了解占據它們的特質。

蜜拉的第五宮是由基本星座的土象摩羯座掌管，摩羯以勤奮的野心為她注入了充滿創意的計畫與自我表達方式。（所以她是女主角而非配角是有道理的。）她的第六宮是由固定星座的風象水瓶座掌管，顯示她會以獨特的人道主義價值觀去進行服務與日常工作。

她的第七宮是由變動星座的水象雙魚座掌管。雙魚座以它敏感與夢幻的傾向，讓蜜拉的人際關係感覺超越塵世。她的第八宮親密關係宮也剛好由雙魚座掌管，把那種同樣充滿想像的滲透力，灌輸到她與別人交換能量的方式中。

掌管她第九宮的是基本星座的火象牡羊座。在所有旅行、學習與打破界線的探索中，蜜拉具有牡羊座堅定的自信心。

到了第十宮，我們發現凱龍星與北交點，兩者都在變動星座的風象雙子座，雙子座也掌管這一宮。我們再度看見溝通在蜜拉星盤中的重要性，這次是透過健談、好奇的雙子座，展現在星盤中與事業和公眾使命有關的區域。雙子座以雙胞胎為其象徵，天生就具有狡猾二元性的天賦，而北交點是指命運，但凱龍星是指透過此一舉止得當的天賦所呈現出的療癒能力。

第十一宮是由富同情心與愛心的基本星座——水象巨蟹座掌管，但隨著它轉換進入固定星座的火象獅子座的過程，我們發現火星，把堅定自信的動力（即火星）灌輸到表演（即獅子座）與充滿熱情的個性中。第十一宮是星盤上最具社交力的區域，因此這或許解釋了我們為何經常發現蜜拉能為紅毯與特別活動增色。

最後，我們來到第十二宮，也是最後一宮，發現蜜拉的太陽位在獅子座（這一宮的掌管者）二十度。第十二宮與心智的深處角落和無意識有關聯，這樣看來，或許也難怪蜜拉擅長當一名演員，因為她能在心靈深處存取最聰明的自我意識，讓她能透過專業來捕捉各種身分的細微差異。

為了充分了解蜜拉星盤的複雜性，我們一定也要查看相位，即行星彼此相互關係的有意義角度。你會注意到一些在不同行星間畫出的線，但讓我們聚焦在最強大（意即其相

位的度數特別精準），也是最重要的一條線。在第三宮可以找到蜜拉的月亮在天蠍座四度，然後順著那條到金星在處女座七度的線。這兩顆行星大約相隔六十度，所以它們是六分相。這是個支持性的相位，能讓星體相互合作，而因為金星是顆吉星，便成了特別正面的徵兆，提供蜜拉一種特殊的魅力與溫和的敏感度。

接下來，找到蜜拉的太陽在獅子座二十度，然後跟著線來到在射手座二十六度的海王星。這些行星相隔約一百二十度，形成一個三分相。當象徵夢幻靈感的海王星與太陽形成三分相，我們就能預期她擁有由直覺引導的巨大創意與藝術靈感。

蜜拉星盤的每一個構成要素都有助於畫出她個性的全貌。考慮的行星、星座、相位與宮位越多，得到的資訊就越多。但是有疑問的時候，不妨調整回到只看太陽、月亮與上升星座，如此就能看見蜜拉如何透過她的上升處女座來引導她太陽獅子座的熱情之心，去服務集體利益——全都是源自她存在核心的情感深度與轉化能力，而這則是拜她的月亮天蠍所賜。

你的星盤

在查看你的星盤時，上升星座也值得單獨考量。如果太陽是顯示一個人意識上的性格，月亮傳達出較安靜的內在定

位，上升星座就是展現這些能量的一種外在化身。它有時被描述為「面具」或第一印象之宮，因為它是了解周遭的人如何看待我們的重要線索。有些人的太陽是大膽、有野心的火象星座，卻可能呈現出上升土象星座比較腳踏實地與謙虛的樣貌。淡定、冷靜又沉著的風元素上升星座，則可能掩飾了比較敏感的月亮水象星座。

在你的生命旅途中，可能會發現你與自己上升星座的關係會改變。當你學會更明確地掌握你的太陽與月亮，上升星座的偽裝就會開始消失，公開揭露出你真正的需求與渴望。或者你也可能透過廣泛的經驗與扮演的角色，發掘出各種體現上升星座特質的方式。事實上，隨著你逐漸成長為星盤腳本所呈現的最明智、成熟的自己，星盤上所有的位置也會產生新的解讀。

下一頁是你能用來探索自己星盤的表格，你可以從網站上免費下載星盤。首先，你要寫下哪一宮是由哪個元素的哪個星座掌管，並特別注意第一宮（上升星座）。接著，要找到所有的行星，並記錄它們是位於哪一宮、哪個星座與元素，請從基本的開始：太陽與月亮。若不知道你的出生時間，只要輸入「未知」或十二點，雖然這樣不會顯示出你的上升星座或行星在宮位中的正確位置，但仍可以看見每一顆行星所處的星座，從而看見掌管它的元素。

練習表單

我的上升星座（第一宮的宮頭）是＿＿＿＿＿＿，由
＿＿＿＿＿＿＿元素掌管。以下是我其他宮位的掌管星座
與元素：

宮位	掌管星座	掌管元素
2		
3		
4		
5		
6		
7		
8		
9		
10		
11		
12		

我的太陽是在＿＿＿＿＿＿＿座，由＿＿＿＿＿＿＿元素掌管。

我的月亮是在＿＿＿＿＿＿＿座，由＿＿＿＿＿＿＿元素掌管。

以下是我的星盤中所有其他行星的宮位、星座與元素：

行星	宮位	掌管星座	掌管元素
水星			
金星			
火星			
木星			
土星			
天王星			
海王星			
冥王星			

附錄二
宮位：關鍵詞與句子

　　占星宮位代表人生的十二個部門或經驗領域。在星盤中，它們告訴我們行星活動在哪裡發生。

第一宮：由基本火象星座火星掌管
你把自己投射在這世界的方式，以及世界看待你的方式。

第二宮：由固定土象星座金星掌管
你珍視什麼與你認為自己擁有什麼。

第三宮：由變動風象星座水星掌管
你的溝通方式與說話內容；手足、短程旅行、心理習慣、鄰居與寫作。

第四宮：由基本水象星座月亮掌管

你的根源、出身、住家與家庭，也包括你人生的終點。

第五宮：由固定火象星座太陽掌管

自我表達、你感覺被愛的程度、戀愛、孩子與緋聞情事。

第六宮：由變動土象星座水星掌管

心智、身體、靈魂、對你的內心世界的重新評估、日常慣例、學徒期、服務。

第七宮：由基本風象星座金星掌管

與他人的關係、一對一的夥伴關係、他者、你的完美他者。落在第七宮的星座就是你完成自我所需要的部分。

第八宮：由固定水象星座火星掌管

性慾、死亡、稅收；神祕事物、黑暗與隱藏的事物；你體驗死亡的方式。

第九宮：由變動火象星座木星掌管

追求、經由旅程尋找意義、高等教育、長程旅行與發現靈魂之旅。

第十宮：由基本土象星座土星掌管

在公共領域努力奮鬥、廣為人知的成就、你達成的任務，以及你在公眾領域中如何被看待。

第十一宮：由固定風象星座天王星掌管

交朋友的經驗、對團體的參與、集體能量、友誼與你的社群的重要性，以及人道主義事業。

第十二宮：由變動水象星座海王星掌管

機構、逃避、靈性影響、靈感謬斯、成癮、通靈能力。

附錄三
占星學中的宮位系統
分宮制 vs. 整宮制

好奇的占星初學者經常提出的一個問題是：我應該用哪一個宮位系統，分宮制（Placidus）還是整宮制（Whole Sign）？許多占星師堅定支持整宮制，相信它是個具有較高歷史價值的強大工具。但也有許多占星師明確表達對分宮制的偏愛，因為他們對它很熟悉且感覺舒適。我的方法是使用分宮制，但整宮制目前也已經有足夠的普及度，因此我在此想兼顧兩者。這兩個系統對占星解讀來說都各有其優缺點。

分宮制

由於解讀上的細微差異，我發現分宮制比較能支持心理占星學，因為分宮至的焦點是把星盤視為個人發展與實現的

地圖來解讀。

　　分宮制與整宮制一樣，都是把命盤分為十二宮，而且宮位的大小不一，範圍從二十五度到四十五度都有。在所有使用分宮制宮位分配法的星盤中，第一宮的起點將會從上升星座（太陽升起時的地平線）開始。這代表一個宮位內會有不只一個占星星座：例如，第四與第五宮可能都落在黃道十二宮的射手座，而摩羯座可能在第五宮被劫奪（intercepted）；或者是第十與第十一宮落在雙子座，而巨蟹座可能在第十一宮被劫奪。有些占星星座可能不是自己掌管一個宮位——這是為星盤提供更多微妙區別的一個特色。

　　黃道十二宮的劫奪可能反映需要被處理與釋放的心理能量，這也是分宮制比較適合個人占星解讀的原因。研究星座劫奪的占星師發現，這個情況能指出星座能量會如何以未被喚醒或比較間接的方式來表達自我，進而能幫助個案學習去強化它們。

　　舉例來說，假設星盤中的第一宮始於雙魚座二十九度，第二宮始於金牛座三度，那麼牡羊座就會被劫奪，夾在雙魚座與金牛座之間。因為沒有占星宮位的宮頭落在牡羊座，一個星盤中有牡羊座被劫奪的人，就會很難辨識與運用牡羊座的能量。這部分的解讀在整宮制裡就找不到。

　　星盤的上升星座就落在第一宮的起始點。除了上

升星座之外，星盤中還可以找到三個軸點：下降星座
（descendent）、天底星座（imum coeli）與天頂星座
（midheaven）。在分宮制裡，關於住家、家庭與遺產的第四
宮就始於天底的起點度數；關於親密關係的第七宮就始於下
降的起點度數；而關於成就與聲譽的第十宮則是始於天頂的
起始度數。

整宮制

整宮制是較早且較廣為人所知的宮位系統。自從中世
紀時期（在第五至十五世紀末期之間）西方占星師採用整宮
制以來，許多相關的資訊都遺失了，然而這些資訊多數在
一九八〇年代與一九九〇年代之間獲得恢復，這系統也在
二十一世紀的前二十年間受到歡迎。只要占星師找到上升星
座的位置，整宮制可能會比較容易使用，占星師也可以避免
解讀劫奪星座所涉及的複雜性。

應用整宮制的星盤，十二宮是平均劃分在黃道的十二
個星座之中。每一個占星宮位會完全落入十二個黃道星座之
一，因此每一個星座就掌管其中一個宮位。在整宮制中，每
一宮會在零度開始，在二十九度結束，因而經常導致星盤的
上升星座要不是落在第一宮之上，就是落在第一宮之前（在

一度與二十九度之間）。占星中的軸點（上升、下降、天底與天頂）是在宮位裡浮動的點，而非固定位於第一、四、七與十一宮的宮頭。

對於撰寫星座運勢的占星師來說，整宮制明顯是比較方便的，因為宮位與度數相等，會讓一般的占星預測較為容易。一般來說，占星師若是在為個人解讀，而非針對十二星座進行一般預測，分宮制可能更適合，因為關於自我的第一宮會始於上升星座的度數，這讓占星師可能提供更具體與詳盡的解讀。

繼續向前……

這兩個宮位系統的明顯差異之一，就是東方（印度）社會偏愛整宮制，而西方（北美與英國）社會則偏愛分宮制。這些文化之間的差異——即個人主義、以自我為中心的西方，與較集體主義的東方——可能影響星盤在世界這些地區被詮釋的方式。我喜歡說，每當一名占星師在進行解讀或創造星座運勢時，都是一個星盤在解讀另一個星盤：占星師的偏見永遠會影響解讀星盤的方式。此外，每一個個人的身分認同都是存在於更大的文化脈絡中，而那個脈絡會影響那些接收到解讀的人詮釋與使用星盤與星座運勢的方式。在整宮

制與分宮制之間的選擇，會受到所有這些因素的影響。

　　透過分宮制與整宮制二種系統，都能獲得智慧。這些系統在有意識地利用時能發揮最好的功能，意即當占星師在考慮他們想從一張星盤中得到什麼類型的資訊。想要獲得星盤的外在觀點，以及要做預言式的占星時，整宮制或許最好。如果占星師想要做得更準確，更深入地查看個案心理上的細微差異，那麼分宮制的解讀可能最有幫助。

附錄四
分點偏移現象

為什麼有人會說占星學不再有效⋯⋯
以及為什麼他們說錯了

反對占星學的人經常提出分點偏移現象的爭論，他們聲稱這有效「反駁了」占星學。因為分點偏移現象，黃道十二星座如今並不符合與它們同名的星宿。

天文學家所謂「春分」以及占星師所謂「牡羊座零度」的點，事實上每年從地球上觀看時，相對於星宿背景，都會稍微比其前一年的位置前移一點點。這是因為由太陽與月亮在地球表面形成的不平均引力所造成的一種地球軸線的擺動。所謂「牡羊座零度」的點，如今從地球上看其實是在雙魚座。

懷疑論者說：「啊哈！這不就證明了占星學是胡說八

道！你不能說某人的太陽是牡羊座，結果現在那個點在太空中是雙魚座，對吧？」

此言差矣。外行人會產生許多困惑，是因為星宿與黃道十二星座有著相同的名字，但它們並不一樣。在星盤上被標示為星宿的星群，其實根本不是群體。我們從地球上看見的，是數個光源的圖案，其中有些來自數百萬光年之外，有些來自更遙遠的地方。這些「群體」沒有明確的邊界線，但卻被人類歸類為不同的星宿。

在這些星宿被命名並廣為人知時，從春分點起算的黃道三十度便被稱為牡羊座，而作為其背景出現的星宿因此也被稱為牡羊座。這項命名沒有確切的日期，但分點偏移現象是直到西元前一三四年才由希臘天文學者希波拉修斯（Hipparchus）發現。

從地球上看來，每年都倒退移動的是春分點（牡羊座零度），星宿則停留在同樣的位置。然而，黃道十二星座永遠是從春分點開始以三十度為單位計算的。牡羊座將永遠是黃道的第一個三十度（接著是其他星座），因此每一年看起來都會稍微倒退偏離背景的星宿。

所以我們稱為牡羊座零度的點，如今從地球上看是對照到星宿雙魚座的背景，這個事實跟占星學毫無關係，也不會證明或反駁任何事。有些人之所以假定這件事足以「反駁」

占星學，就是尚未了解天文學的星宿與占星學的星座之間的不同。

　　把黃道十二星座想成是一種速記法，用來描述黃道的各種度數（請記得，這永遠是從春分開始，而且這個起點不會改變），或許對你有幫助。每一個三十度的黃道區塊有某種占星學上的意義，但我們其實不需要稱它們為牡羊座、金牛座等等，只是在一張星盤中，說火星是在巨蟹座三度（舉例來說），就比說它是在黃道九十三度較為容易罷了。

更多占星練習

關於星座的更多占星學練習

雖然這些練習是根據黃道十二星座排序的，但你可以挑選任何你認為有意義順序來練習。請記得，這些星座都是你星盤的一部分。這些練習是為了增強你已經擅長的領域與元素，並處理你需要增強的元素與領域。如果你正在努力平衡一個具有很多特定元素的星盤，就很可能被該元素的練習吸引，並可以利用它們去鍛鍊或放大其正面的表達。或者你也可能受到其他元素的平衡練習所吸引。

牡羊座（火）

在我們每個人的內心深處，都有一位勇敢的愛的戰士需要被記住與珍惜。在我撰寫本書的時刻，我們內心的牡羊座被要求去突破冷漠與藉口，站出來為那些邊緣化或受到壓迫

的人發聲。

我們的偉大取決於我們最脆弱的部分。勇敢的牡羊座的燃料與火焰，能激勵我們超越不便與自我利益，喚起我們人性最好的一面。新生的英雄會受到感召，在相互連結的人際網絡中採取行動，透過認可他人的優點與貢獻，勇敢地領導眾人前進。

一個人可以、也將會成為關鍵轉折點——這個人也可能就是你。

選一個你會持續努力不懈的目標。你將如何討論它、代表它採取行動，而不只是光說不練？只要選一個，如此你驚人的個人影響力與動力才能產生持久的影響。

金牛座（土）

當我們把「事物」視為暫時的愉悅，而非衡量自我價值的證明，自然就能選擇慷慨仁慈地分享所能。要展現金牛座的最佳特質，我們需要更專注於愛護地球，而非光鮮閃亮的物品；珍視真實忠誠的朋友，而非尋找其他更好的選擇。

請評估一下：什麼是足夠？什麼是過量？我們需要付出什麼來清理這個星球的混亂？

知足是堅信長期價值以及情感與物質的永續性。我們每一個人都有一部分想要更多的時間、金錢與關係，因而忘了

擁有與感激並不相同。無論我們此時此刻擁有什麼,都是需要去照顧與感恩的。

　　因此,今天就付出一些東西吧。可能是一通電話、一張大額支票,也可能只是分享一頓餐點。

　　每當我們為擁有比較少愛、時間、金錢或機會的人付出時,就是往正確的方向踏出了一步。

雙子座(風)

　　許多中了雙子座魔咒的人很容易過度承諾、說太多話,與過度沉溺於快速的數位應對中。為了讓自己的大腦與身體恢復理智清醒,我們都需要把喋喋不休從生活選項中移除。當我們把期望調整到符合現實的情況,同時不失去追尋更大夢想的動力,就能讓現狀與未來潛力達成成熟的一致性。

　　更努力去反思、重新思考,以及在大自然中尋找寧靜。要安撫我們的神經系統並信守重要的承諾,我們需要找到那份正等著被聽見的凝定。

　　養成說話謹慎的習慣,並遵循深思熟慮、正直誠實的溝通之道,以此作為一種日常練習。重視合理的言談與具反思性的網路行為。花五分鐘的時間什麼都不做,只看著大自然,然後問這個問題:「你最想對我說什麼?」

巨蟹座（水）

在巨蟹座中，脆弱而有力的溝通機會擴展，你也能在追尋真實的過程中變得更加明亮耀眼。

這是要求別人看見與理解你的需求的時刻，重點在於以一種仁慈且具權威的方式揭露你那防衛外殼之下的東西。

把培養與扶助轉變為建立並維護明確的界線，而非屈服於操控人心的情感需求或手段。請記得，愛某個人並不代表不讓他經歷任何個人成長所需的傷害。

若你在尋找的黃金是你的靈魂，現在就是淘金熱潮期——是時候要求你想要與需要的事物了。

今天就練習告訴至少兩個人你希望他們為你做的事。事情要簡單且可行，並讓他們知道，用這種方式照顧你對你來說意味著什麼。

請留意，這樣為自己的需求發聲的感覺如何？

獅子座（火）

獅子座鼓勵在有其他人的情境下進行個人表達。在每一種情況下，創意與情感會透過場域中其他人的現實與條件進行調整。謙遜是清楚了解更偉大的愛的願景，以及無論繞多少路，都要持續砍柴挑水。

我們不必執著於事事都要如己意，這樣的練習能幫助我

們學到很多。即使在路上遭遇到大小轉折，都要選擇忠於本心。心永遠都會根據它所發現的事物加以提升。

什麼是你現在或過去想要、但並未剛好在你想要的時候得到的東西？這可能令人沮喪，但現在該是從新角度去看待它的時候了。

今天就寫信給一位朋友，告訴對方你的性格如何因為那些沒有按照自己想要的方式發展的事而變得更堅強。

你有發現在你不得不讓生命用自己的方式呈現時，自己所培養出的實力嗎？請記得，道途永遠都是同時在完美與不完美中出現。

處女座（土）

處女座的能量是關於在一個具廣泛接受度的領域深入探究其精髓。它是關於：注視螞蟻建造牠們的蟻丘，同時感受到吹過你髮絲的微風；玩著海灘上的沙粒並聆聽海浪拍打聲；全神貫注地凝視一位你所愛的人，並溫柔地撫摸他的頭髮。

利用處女座的善於分析、讓自己更加為細節著迷，是通往永恆無形的愛的次元的所有途徑。透過精確的意識與開放的心胸，我們就能與永恆相遇。

選擇把焦點放在一個特定的生活細節上，用全神貫注

的心去真正地注視它。同時，讓身體周圍的能量擴展到更偉大的神聖中。注意此刻美好的深度與廣度。

天秤座（風）

當我們從生活與世界的緊張與需求中跌落滑倒，天秤座要求我們不斷呼吸並思考：「現在我的中心點是什麼？」

天秤座的秤子總是會重新平衡。若你不由自主地跳入了一個極端的兔子洞，請看看你可以多溫和、快速地讓自己恢復平衡。不要給自我批判留下任何空間。

透過在很安全的岩架、邊緣或線上行走來練習，不斷留意要怎樣才能頭腦清晰、堅定地走著，慢慢享受重新恢復平衡的感覺。

你能保持平衡嗎？感覺如何？

天蠍座（水）

你是否曾注意到，在夜晚最黑暗孤獨的時刻，我們才會遇見自己被拒絕、否定或噤聲的部分？

我們都是被召喚去看自己與他人內在受到審查的陰影。天蠍座挑戰我們每個人去與自己最深層的憂慮和自我憎恨做朋友並照顧它們，將它們視為渴望重見光明的被埋葬的鑽石。在暗月的寂靜中，我們才會得知自己內在被壓制的聲音。

靈魂知道黑暗與光明之間沒有分歧，我們的神聖任務是接受自己、用更熱切的同情與勤奮去照顧最不被愛的部分。

　　記錄你的一些夜間思想、感受或發生的事，把它們當成最重要的故事般寫下來。他們如何喚起你的心去接受療癒、寬恕或認可？從傾聽你的陰影中，你能學到什麼？

射手座（火）

　　無論你是在談戀愛、追求事業夢想或對世界的願望，緊抓著某個未來的結果會剝奪你在過程中的愉悅與存在。

　　當我們透過黑白分明的濾鏡來捕捉與追求目標，就會變得比較專注與固執。射手座幫助我們了解，想像一個你想要擁有的愛或和平的理想經驗，然後再把它釋放到你自己的神聖覺知中，會比較好。

　　放下結果，才能找到自由。

　　在一張紙上寫下三個願望。一邊燒掉那張紙、一邊說：「我將所有夢想釋放到自己覺知的神性中，在開展的生命中，我會成為一個喜悅、有紀律的玩家。」

　　在你的工作、個人生活和世界中，用喜悅的決心做每一件事，提昇愛與創造力的表達；同時，也要珍惜路上的每一個轉折。

　　放下結果，享受當下的冒險，感覺如何？

摩羯座（土）

把守衛從一個強勢、好勝、愛比較與指責的人，換成一個能保護、滋養、管理他人與可信賴的人。

今年是停止霸凌、開始支持他人的一年。與其「炸毀它！」「殺死它！」或「逮住它！」，不如與它交朋友、照顧與接受它。

找出生活中一個讓你不斷感到不足的地方。與一位朋友坐下來，請對方單純地聆聽你談論腦中對自己不好的想法。忍住任何想解決問題的衝動，轉而讓某人聽見與承擔那種比較心理造成的痛苦，弱化比較病毒的威力。只要去感受你與朋友之間的連結。

看看「連結」比「比較」的感覺好多少？

水瓶座（風）

水瓶座代表世界上可愛的怪咖們，我們都需要比以往更接受自己的古怪特質。

當舊的方式試圖抵制包容、多樣性與直接的覺知之道時，所有過去保持低調的療癒師與預言家此時的挺身而出將至關重要。讓怪咖、書呆子、占卜師、神諭者與魔法師變得更顯眼的時候到了。未來並非我們已知的一切。它是即將到

來的事，也是我們以包容一切的計畫展現自我的方式。

　　請對一位最沒有疑心的人做某件極度充滿愛或善意的事。

　　我們越能展現令人驚奇的連結與充滿創意的顯化，這個星球就越不寂寞，也會有越多人明白我們並非生活在一個死氣沉沉的宇宙中。世界正在乞求你的魔力與超出情理的慷慨與愛的行動。

雙魚座（水）

　　我們都有缺點，就某種方式或在某部分而言，都是破碎不完整的。我們都曾受過傷，也傷害過別人。雙魚座提醒我們，你我都不是超人。不切實際、誇張的想超越他人的慾望，只是可悲且被誤導的。

　　我所認識最令人印象深刻的人，都會承認他們的缺點，並經常讚美他人。了解自己真的不在任何人之上或之下，就釋放了所有想要呈現出非我們樣貌的壓力。

　　用開放溫柔的心，去找到你曾受制於「上／下」敘事的部分，用溫暖的擁抱去迎接它們。在我們的內心，沒有同理心到不了的地方。

　　寫信給某個你信任的人，談談你一直感到羞恥的兩個缺點，以及兩個你想放手的自認比別人優越的心態。

　　且讓我們回頭看這句格言：「每個人都要盡你所能，在

你有能力的時候，讓這個世界在你離開時比你發現它時變得更美好。」

更多按照行星的占星練習

現實與想像並非對手。科學與信仰其實是同一枚硬幣的兩面；兩者都是對發現意義所做的熱切探究。在此持續發生空前災難的時期，我們都需要去尋找超出我們想像的力量與韌性。這就是定義性格與歷史的事物。我們可以從每一顆行星的原型中學習如何發展自己的神聖可能性，並進入積極務實的心態。

太陽

太陽代表我們真正的光源、靈魂的電池，當太陽得到充分表達，我們就是他人的燈塔。它是身分與真實本質的融合，代表一份迫切的邀請，要我們成為更好的自己。

向所有支持你生活的事物與人說「謝謝」，是鞏固你的本質的有力方式。每一天，我都會寫一張紙條，感謝我的神聖覺知並請求指引。對你所得到的一切寫下你自己的感恩之語，並請求宇宙指引你能夠平靜、感恩地度過這一天的方法。以下是我最近寫給神聖源頭的一張紙條中的內容：

喔，神聖源頭啊！感謝祢賜予我健康與幸福

感謝祢的庇蔭與清楚的看見

感謝祢賦予大自然的綻放之美

並教導我當個情感成熟的人

讓我看見如何接受與滋養我的靈魂

讓我看見如何當個高尚完整的人

讓我看見如何相信與感知到美與永恆

以及在我的完整中得到愛

每天都寫一則感謝神聖源頭的短文，留意有多少光進入你的身體。

月亮

月亮代表我們內心最深處的需求，以及我們滋養自己與他人的神聖計畫。它是存在於我們內心真實無瑕的指引系統。

外表上看來，我們穿戴著衣服與社交面具；在內心，我們則懷有無數不斷改變的需求與感受。通常，外在的展現都無法反映我們內心黑暗與光明交織的精緻複雜性。

今天，請留意你的自我展現跟你的內在知曉與需求之間的一致性有多高。寫下三個有關今天你真正的需要的陳述，例如：我需要屬於自己的時間、我需要到戶外大自然的時

間、我需要在感到害怕時記得深呼吸。

請注意，這些陳述跟需要從他人身上得到什麼無關。那些需求是次要的，我可以先滿足自己的需求。成為滋養自己的大師，是朝情感滿足踏出的第一步。

水星

水星代表我們思考與溝通的方式。我們對自己與在世上說的話，對能量場有著深遠的影響。要留意憤怒與仇恨的話語如何傷害身體；留意充滿恐懼的話語如何創造焦慮；留意充滿愛的話語如何提昇身體、思想、心靈與靈魂。

你的話語為這個世界注入什麼能量？有時我們需要發洩一下，但許多人都沒有意識到我們在自己與他人身上傾倒的有毒溝通量。

今天，請注意在你說話之前做個深呼吸，也在責備自己之前做個深呼吸。呼吸之後再重新開始並問自己：我希望別人如何記得我？

我們的衝動發言通常都不是那麼熟練。今天就花點時間說一些啟發與激勵人心的話，也別忘記留意你今天大聲說出的任何勵志佳句。

金星

透過金星的原型，我們會得知自己的價值觀與較喜歡與人相處的方式。

我們有多常讓自己的關係選擇與核心價值觀保持一致？如果透明度是你的核心價值觀，你會率先表達出來、還是等別人先分享？如果善良是優先考量，那麼即使是在一通推銷電話中被激怒時，你是否有保持善良呢？

開始有意識地選擇讓你的價值觀與行動保持一致，成為那個率先用你想要存在於這世界的愛來引領他人的人。請寫下你的五個核心關係價值觀，你最重視幽默、尊重還是感情？在你的親密關係中，什麼價值觀對你來說是最重要的？今天就讓這些價值觀存在於你的身體中。把它們視為你的待辦事項，在每則簡訊、每次視訊通話或每件日常瑣事中，留意當你優先考量這五個價值觀、作為你的行為與言語的慣例時，會發生什麼事。

火星

火星與我們行動、主張與侵略的能力有關，重點是正確的行動：無論誰會知道、肯定或否定，都要做最好的事。我們有些人的脾氣比別人火爆，有些人則會壓抑自己的脾氣，然後因沮喪而不知所措。還有些人擅長主張自己的需要與

渴望。你知道在取得自己的積極能量方面，你處於哪個位置嗎？讓我們來評估一下。

以一到十分來評估你今天使用自己能量的純熟度。十分：你的身體很健康，情緒堅定自信。你是一具有效且能採取明確行動的引擎。五分：你的身體活動斷斷續續。你會累積怨恨，因為你只在到達極限時才會堅持自己的權利。一分：你的身體無力，情緒軟弱。你讓他人對你發號施令，當你為自己設定目標時，你就會崩潰。

無論你把自己放在火星量表上的哪個位置，都可藉由做一些對身體好的事來提昇你的火星能量，即使只是繞著附近的街區走個幾次也可以。同時也請清楚而自信地陳述你的需求，要確定一切都是用不帶責備的中性措詞來陳述。

木星

有了木星，我們會學到正確使用豐盛的方法，並開始尋找意義。當我們擴展自己的世界觀，並運用那些提昇自己與他人的信念體系，我們在情緒上會感到更加滿足。木星會擴大任何我們傾注能量的事物，並放大思考的主題。它提醒我們愛永遠是高尚之道。

今天，請想像你是身處於一個沒有懷疑的世界，並按照自己的最高原則行事。想像一種你在其中因為有限制性的信

念而自我設限的情況或關係。只要今天就好，在那種情況中做一些能展現你對自己的信心、以及愛是比恐懼更大的力量的事情。

土星

　　土星代表的是我們對這世界的責任。提醒我們此生是為了做某件重要的事而誕生。對土星來說，大小並不重要，重要的是意圖。為了利他的靈感而執行的紀律才是真正的顯化。

　　當我們沒有盡力發展自己的才能與對這個世界的可能貢獻時，我們會感到很糟糕。土星掌管沮喪；當我們因為懶惰、自我價值議題或逃避而抗拒自己的使命，我們就會變得沮喪。因此，今天就誠實地去做一件你做得到的小事，讓你的能量提昇到健康與幸福的層次。

　　你的這一件小事是什麼？這個星期每天都做這件事，並告訴一位你信任的人它所帶來的不同。

凱龍星

　　凱龍星教導我們，每一個人都有永遠無法療癒、難以言喻的傷口，但如果我們允許，它將成為我們的指引。凱龍星的訊息是要照料我們的傷口，才不致讓他人受其所苦，或許

還能教導他人我們在自我療癒中所學到的事。當我們明白在需要學到教訓這方面，我們從來就不勝於或劣於任何人，我們就能熱切地向他人伸出援手，幫助我們改善我們的方法與感受。

今天，你的任務是接受你最大的傷口之一，並將它重新命名為你的禮物。例如，我最大的傷口之一，是父母不能理解我的情感。這成了我的追求與人生功課，因為心理學與心理占星學的根本，就是對他人與我自己的理解。

把你痛苦的事實之一視為取得你的禮物的入口。當我們以持續且真正的愛去看待任何自己內在的傷害與傷口時，它就會成為一份療癒之光的禮物。

天王星

天王星讓我們得以學會打破自己的委靡狀態、從自己的無意識中醒來的意義。面對天王星的能量，有時我們會覺得像是被一千伏特的電力擊中；有時則可能像是第一次看見日出。

假設大多數時候，我們都會自動進入心不在焉的狀態，此時就需要進入掌管我們的原始創造力、獨創性與驚人啟示的天王星中。

今天就設定一個鬧鐘，每小時響一次，用來喚回你的

注意力。簡短記錄一下你意識到什麼。你怎麼想？你感覺如何？花點時間與自己同在，進入完全清醒與活著的狀態，是什麼感覺？天王星的影響可能會像突然墜入愛河，或被粗魯地甩一巴掌，然後跟你說醒過來。今天就選擇愛上喚醒你的鈴聲吧。

海王星

海王星提醒我們，我們基本上都是微粒與振動，無人能逃脫最終的統一之途：死亡。分離的幻象也造成了一種虛假的階級與保護感。我們都知道，一場疫情可以殺死任何人、睡不好覺是無差別的、任何人都可能受騙，或是任何人也都能體驗到幸福。

海王星教導我們，是我們共同經歷過的歡笑、淚水、愛與苦難團結了所有人類。祕訣是盡可能經常融入這種無限的覺知中，以認識到我們短暫、閃亮的生命有多麼珍貴。

詩、音樂與藝術都是在海王星的掌控中；它們幫助我們進入無形與永恆的狀態。因此，今天就選擇一個進入永恆的出入口——選擇一種表達的傳送形式，並特別向存在於人類領域之外的未知魔力致敬。

透過放下時間、完全進入當下，你學到什麼？假如你能更常接通那個頻率，事情會變成怎樣？

冥王星

冥王星提醒我們，我們來此是為了一次又一次地重生，以及釋放外殼、防衛與錯誤的信念。它告訴我們：就讓你的虛假自我死一千遍吧！如果那代表對真正的你的真實一瞥的話。

解構從來就不是愉快的事，但有時就是必須丟棄腐朽的東西。重要的是我們如何以堅定的情感勇氣與真實性，從自己過往的灰燼中重生。我喜歡讓苦難有價值。如果沒有學到可供傳承的教訓，為何要經歷情緒上的苦難呢？

回顧一下你生命中以某種方式經歷過自我的死亡的時刻──例如，我可能會列入二十幾歲第一次申請博士課程沒有入選時。在此列出你的兩個時刻，然後思考：那些自我的死亡與真實人生中的失望教會了你什麼？在那些情境中，你的哪一部分死去了？你的哪一部分在那次失落中誕生？

我後來明白，那個拒絕我的課程對我要走的道途來說太保守了。我必須重新開始，最後我找到攻讀博士課程的途徑，從而增進了我的真實自我的發展。

ACKNOWLEDGMENTS
致謝

　　我想表達我的感謝——因為坦白說，沒有這些人，本書絕對無法完成。

　　感謝迷人的傻瓜（家醫科醫生），他具有勇氣、關懷、遠見與毅力，為想擁有充分表達的人生的女性，打造一個充滿可能性的世界。

　　感謝Elise Leohnen發掘了我，並賜給我分享天賦的平台，她也一直是我宇宙中持續存在的光。

　　感謝Melissa Lowenstein協助我寫這本書，並以似乎無人能及的正直、奉獻與才能，在人生中全力以赴。

　　感謝Coleen O'Shea，她是位厲害的經紀人、我所認識最聰明的女人之一，也是極富同情心的巨大靠山。

　　感謝我的編輯Donna Loffredo，她真的能讓一切發光。Donna，妳的智慧與堅毅的決心令我感動不已。

　　感謝Kiki Koroshetz，她能用心、自信與靈魂統治世界。但願她會。

感謝傑出的作家與占星師Leah Pellegrini，提供了附錄一當中的占星簡介說明。謝謝妳。

感謝美麗又激進的占星師Monisha Holmes協助詳細說明附錄三當中的占星宮位系統。謝謝妳。

Jenny Blaise Kramer，謝謝妳投入本書最初期的反覆修改工作。

感謝我的神聖隊友：你們都是支持我的重要力量。永遠感謝你們。

RECOMMENDED WEBSITES

推薦網站

- https://mountainastrologer.com (online version of the magazine)
- https://chaninicholas.com
- https://www.jenniferfreed.com
- https://astrostyle.com
- https://www.astrograph.com
- https://cafeastrology.com
- https://astro.com
- www.astroamerica.com (great astrology bookstore)
- https://www.londonastrology.com (books and astrology supplies)

國家圖書館出版品預行編目 (CIP) 資料

跟著心理師校準星盤：運用占星四元素，發揮
你的完美原廠人設 / 珍妮佛．弗芮德著；林慈
敏譯 . -- 初版 . -- 臺北市：遠流出版事業股份
有限公司 , 2023.11
　　面；　公分
譯自：A map to your soul.
ISBN 978-626-361-277-8(平裝)

1.CST: 占星術 2.CST: 自我實現

292.22　　　　　　　　　　12015910

跟著心理師校準星盤

運用占星四元素，發揮你的完美原廠人設

作者————珍妮佛‧弗芮德博士（Jennifer Freed, PhD）
總編輯————盧春旭
執行編輯————黃婉華
行銷企劃————鍾湘晴
美術設計————王瓊瑤

發行人————王榮文
出版發行————遠流出版事業股份有限公司
地址————104005 台北市中山北路一段 11 號 13 樓
客服電話———— (02)2571-0297
傳真———— (02)2571-0197
郵撥———— 0189456-1
著作權顧問————蕭雄淋律師
ISBN ———— 978-626-361-277-8

2023 年 11 月 1 日 初版一刷
定價————新台幣 450 元
　　　　　（缺頁或破損的書，請寄回更換）
有著作權‧侵害必究 Printed in Taiwan

yl-遠流博識網
http://www.ylib.com
E-mail: ylib@ylib.com